CHIKUMA SHINSHO

正義を疑え！

山口意友
Yamaguchi Okitomo

ちくま新書
362

ちくま新書

正義を疑え!

山口意友
Yamaguchi Okitomo

362

正義を疑え!【目次】

はじめに

アリストテレスは、「大工と幾何学者では異なった仕方で直角を求める」と言ったが、「正義」についても同じことが言えるだろう。

「大衆と倫理学者では異なった仕方で正義を求める」と。

倫理学者は「正義とは何か」という問いを、「いかなる地平で正義は論じられるか」（メタ正義論）、「先哲は正義をどのように考えたか」（倫理学史研究）というように客観的な観点から主に論じようとする。それゆえ、そこに「俺の正義」というような主観は、ほとんど持ち込まれない。他方、大衆は「正義とは何か」という問いに「俺の正義とはかくかくである」という形で、真っ向から主観的に自分の信念にもとづいて答えようとする。

両者は一昔前までは没交渉であったが、「倫理学を机上の空論に終わらせたくない」「論語読みの論語知らずになりたくない」と考える一部の倫理学者達は、理論の現実社会への応用を試みた。こうした試みを「応用倫理学」と言うが、これによってようやく、倫理学者と大衆とが同じ土俵で実のある議論を交わす下地ができたのである。

大衆曰く、「倫理学説は分かった。ならば、あなた自身は正義をどのように考えておられるのか？」

倫理学者曰く、「あなたの考えは分かった。だが、それが客観性を有し得ると思われるか？」

こうした同じ土俵での応用倫理学的な応酬は、我々が現実社会で実際に直面する正義の諸問題を解決するに当たっては、非常に有意義なものとなろう。現実社会に即した形で「正義」を考察していった場合、様々な事態がその対象として考えられるが、その一つを扱うだけでも、混乱と誤解の根の深さを痛感させられる。以下、二、三の例を挙げてみよう。

たとえば、正義概念の一つである「平等」について考えてみた場合、多くの人は「平等はよいことだ」と考えるだろう。だが、「一律同額給与（＝無差別的平等）」と「能力別給与（＝比例的平等）」のいずれが現実社会への適用において正しいのかと問われれば、意見は分かれることになる。「職種によって使い分けることが重要だ」と答えるにしても、では、どんな根拠で、どういう職種に、どちらの平等を用いるべきかなど様々な問題が派生してくる。

鉄一〇〇グラムと綿《わた》一〇〇グラムどちらが重いか？　小学校の時に流行った問いである。言うまでもなく、両者は同じ重さであって秤に乗せれば釣り合いがとれるのだが、これはあくまでも「重さ」という観点から見た場合「同じ《イコール》」なのであって、むろん鉄と綿は同じものではない。同様に、「私」と「あなた」が「同じ《イコール》」なのは、「法の適用」という観点から見た場合に同じなのであって、存在において両者は異なるものである。「男」と「女」も然《しか》りである。異なるもの同士を「同じ」に扱わなければならないという「平等主義」を正義と考えるなら、「観点」の重要性をしっかり押さえておかないと、とんでもない議論へと発展してしまう恐れがある。

ところで、自分の周りを見渡した時、職場や学校、近所に、必ず一人や二人は、「他者批判」を信条としている人がいはしないだろうか。そうした人は、他人にきびしく自分に甘いのが常である。他人のミスを見つけてきては険しい顔して文句を言い、吹聴して回る。そのくせ、自分がミスすると不可抗力を装うか、責任を他者に転嫁しようとする。そのような人が自分の周りにいたことはないだろうか？　多くの人は、そうした人に困惑するものの、「触らぬ神に祟りなし」とばかり、避けて通ってしまう。だがその張本人は、周りが反論しないのをいいことに、人様は自分の正しさを認めてくれているとさらに強い錯覚に陥るようだ。

「あ～、いるいる、そんな奴がうちの職場にも……」と相槌を打ってくれる読者もおられよう。だが、そう思っている「あなた自身」、周りの人達に疎《うと》まれている可能性がない、と言い得るであろうか?

これは自戒を込めて言うのだが、自分の正しさを確信するがゆえに、「他者批判」を正義と考える心情が生じるのだ。だが、ここから先には二つの道がある。「他者批判」を支える「己の正当性」を確信したままでいる道か、それともそうした「己の正当性」に一度ならず批判の目を向けてみようとする道か、そのいずれかである。いずれの道を選ぶことが「まっとうな生き方」と言えるであろうか?

他者批判は何も人ばかりを対象とする訳ではない。制度が悪い、社会が悪い、政府が悪いとあたりかまわず世間への批判を繰り広げる人も多い。だが、そうした人は何を目指しておられるのだろう。なるほど、「善き社会の建設」を目指されているのかもしれない。それならばその人は政治家にでもなられるおつもりだろうか? 仮に政治家になられたとして、あらゆる権力を国から委譲され、自分が信じる正義を実現できたところで、それであらゆる人が納得するような「善き社会」ができるだろうか。政治の世界は「言いっぱなし」で済むようなものではない。あちらを立てればこちらが立たず、こちらを立てればあちらが立たず、そうなるのは必定ではないか。

善き社会は「制度」によって造られるのか、それとも「善き人が集まること」で造られるのか? あるいは、そのいずれもが必要であるならば、我々庶民はどちらに主眼をおくべきなのか？　「正義」に関する疑問はこうして次から次へと湧いてくる。

　二〇〇一年九月、世界貿易センタービルに二機の旅客機が突っ込んだ後、空には戦闘機が舞い、後続の突入を警戒していた。新たな旅客機が突入しようとした場合、戦闘機のパイロットは撃墜を命じられていたという。パイロットの心中は如何に？　察するに余りある。撃墜するということは、旅客機を乗っ取った犯人のみならず何の罪もない乗客を巻き添えにすることになる。撃墜しなければ自分の手は汚さずにすむものの、突入先の地上の人々にまでも被害が拡大するのは自明のことである。正義はいずれにありや？

　戦闘機のパイロットは撃墜命令を遵守することが当然の義務であり、これを果たせば「軍人の正義」と称えられよう。だが、「なぜ俺が罪のない民間人を殺さねばならないのか」と考えて「とまどい」が生じたとき、彼の「正義」は揺らぎを見せる。しかしまた次の瞬間には、「ここで俺がやらなければ、さらに悲惨な事態を引き起こすではないか」と自分に言い聞かせることになる。軍人としての正義と一個人としての正義は究極においては同じなのか、それとも違うのだろうか？

　昔の日本でも、「忠ならんと欲すれば孝ならず、孝ならんと欲すれば忠ならず」という格言に示されるが如き二律背反があった。一方をとることは他方に対し不義を為す。その場合どうするか。両道を立てることが現実的には不可能であっても、両者に対する不義だけは為すまいと心を決した時、彼の生は「如何に生きるか」から「如何に生きたか」へと視点を転じる。いずれにも荷担せず両道を立てるという道は、自刃という第三の生き方（＝死に方）を選んだとき、彼の魂において成就したのである。

命令遵守は軍人の義務であり、そこに軍人の正義はある。だが、同時に人としての不義だけは為すまいと決した時、第三の正義を見出さねばならない。自己正当化に留まるのではなくより高い第三の道を見出そうとする時、そこには「如何に生きたか」という視点が必要とされ、それは死をもって為し得る場合もある。

戦闘機のパイロットに残された、「軍人としての正義」と「人としての正義」の両道を立て得る可能性は、批判を承知であえて言うならば、第三の道である「体当たりによって旅客機を撃墜すること」、これ以外にはないのかもしれない。「己の命を賭した正義」によってのみ、「軍人としての正義」と「人としての正義」を共に貫徹し、究極の正義を見出すことが可能となるのかもしれない。その時、彼の正義は「悠久の魂」となって、人々に語り継がれていくだろう。

生命尊重のこの時代、「命より尊い正義」なんてあるものか、そんなものクソ食らえというような考えを持たれる方もおられよう。そのように考えるのも結構だが、この場合のパイロットの心中にあるものは、地上の人々の生命を尊重するがゆえにあえて己が殺人者となり、さらにその道義的責任を全うするため、体当たり（＝死）という道を選ぼうとする意志である。そうした意志を「命より尊い正義」とは見なし得ないとするならば、この場合の正義とは具体的にはどのようなものだと考えられるだろうか？

いくつかの例について見てみたが、「正義」の問題を具体的場面に即して考えだすと、本当にきりがない。限られた紙面の中でいくつかの具体的場面を考えながら、「正義とは何か」という問いに対する原理的な答えへと到達できれば幸いである。その成否は読者の方々にゆだねるしかないが、「正義とは何か」という問いに対する一応の答えを「応用倫理学」という土俵の上で探ってみたい。

（なお、文献引用に際し、その著者名の敬称は省略させて頂く。）

序章

争いと正義

＊左「正義」・右「不正」
(ジョット『美徳と悪徳の寓意』より、1304年頃、パドヴァ、スクロヴェーニ礼拝堂)

1　争いの中に正義あり

二一世紀は、「争い」から始まったと言っても過言ではないだろう。ビンラディン率いるイスラム過激派による米国へのテロとその報復、アラブとイスラエルの争い、印パ、南北朝鮮、中台他、内戦を含めると至るところで争い事が起きており、今世紀も争いが絶えることはあるまい。国家間の争いを無くそうという国際的な世論はあるものの、なかなか無くならない。なぜ争いは無くならないのであろうか？　各国が自国の利害を主張しすぎるから。なるほど、それも確かにあろう。だが、それだけなのか？

人類の歴史は争いの歴史でもある。国家間のみならず民族間・政党間・組織間、そして個人間の争いなど、至る所で争いは生じている。「争いの無い社会・平和な社会を造りましょう」と小学校の頃から平和教育が行われ、さらに人は皆、「正義」の心を宿すと信じられている。それなのになぜ争いは無くならないのか？

否、むしろ、「正義」を有しているがゆえに争いは無くならないのではなかろうか？ためしに、かつて自分が経験した印象深い争い事を思い出してみられるとよい。その争いは何にもとづいてなされたか？　「己の利欲」であったか？　それとも「己の正義」であったか？

2　争いの三形態

およそ争いの形態は以下の三つに大別できる。

a．「利欲」(註1)と「利欲」の衝突、b．「利欲」と「正義」の衝突、c．「正義」と「正義」の衝突、である。

a．「利欲」と「利欲」の衝突

この形態は、かつて「切り取り御免」と言われた時代を想起すればよい。領土拡張の目的で植民地化しようとする土地を、他国も同じようにねらっていた場合、その土地を巡る争いは「利欲」にもとづいた争いとなる。また、個人のレベルでは、バーゲンセールで御婦人方が自分の気に入った一つの洋服を巡って争う光景をイメージすれば分かりやすい。同時にその服に手をかけた時、双方がいずれも自分の利欲を達せんがために、「私の！私の！」と血眼になって訴えかける光景は、利欲同士の争いの典型である。

古今東西、「人間に利欲の心があるかぎり争いは無くならない、それゆえ、欲を捨てよ」

ということは、道徳家や宗教家が繰り返し語っていることであるが、では欲を捨てただけで争いはすべて無くなると言えるであろうか？　残念ながらそれだけでは無くならない。争いには次のような形態もあるからである。

b.「利欲」と「正義」の衝突

この形態は、他国の侵略とそれを迎え撃つ先住民族の間に生ずるような衝突で、先住民族にしてみれば祖国防衛という「正義」の争いとなる。先の「バーゲン」に当てはめると、先に服を手にした人が横取りされそうになったとき憤慨して思わず、「私が先にとったでしょ！」という「正義」の金切り声を上げるようなものであろうか。服を先に手にしていた人からすれば「正当性は自分にある」という正義的確信から生じる争いである。自分のものを手放すことで自らの正義を放棄し、侵略者に黙って追従すれば、支配・服従の関係が生じるだけで争いは生じ得ない。争いが生じるとすれば、己の正当性への確信が行為において主張された場合である。己の正当性を主張するためには、必然、「不義不正」(註2)なるものと争わねばならなくなる。一方からすれば「利欲」の争いではあるが、他方からすれば「正義」の争いとなる訳である。

これらの衝突に関しては、不義不正を許さないという社会の共通認識があれば、それなりの規則や法によって争いを回避させることが可能となる。だが、次の形態においては争いの回避は困難を極める。それは、双方が己の正当性への確信にもとづき、お互い譲ることのない争いだからである。

c．「正義」と「正義」の衝突

この形態は、特に東西冷戦時代の「資本主義」対「社会主義」という対立構造に端的に見られたように、双方が自国の国家体制を正しいもの、すなわち正義と信じ、さらに相手国の正義に自国の正義が犯されまいとする時に生じるものである。個人レベルでも、自分の意見こそが正しいとする信念の対立として、日常的に散見しうるものである。こうした「正義」と「正義」の衝突は、双方が己の正義を確信するあまり、打算を超えた尖鋭《せんえい》な争いとなる。まさに正義が存在するがゆえの争いである。

埼玉大学教授の長谷川三千子は次のように言う。

> この「二つの正義」の対立に気づく人は少なくない。しかしそこで多くの人は、両者のかかげる「正義」の内容の喰ひ違ひに問題があるのだと思つてしまふ。そして、現在の世界にはまだ全人類に共通の正義の基準ができ上つてゐないからこんなことに

なるので、早くほんたうの普遍的な国際正義の基準を作らなくては、などといふことを言ふ。…（中略）…〔しかし〕問題は、人々の掲げる正義が一致しないことにあるのではない。喰ひ違つた「正義」と「正義」とが、どうして避け難くぶつかりあひ、戦ひあつてしまふことになるのか？——そこが問題なのである。…（中略）…「正義」といふ概念の内には、たしかに、人を戦ひへとさし向ける、ある必然的な構造がひそんでゐる。いつたいそれは何なのか？——その構造をひと口に言つてしまへば、それは「正義とは不正の処罰である」といふ考へ方にほかならない。

（『正義の喪失』ＰＨＰ研究所、四七〜五〇頁、傍点長谷川）

こうした長谷川の言からも分かるように、争いは決して「利欲」だけから生じるのではなく、「正義」の中にすでに構造的に内在していると考えられる。冒頭でも触れたように、他人と争った経験を顧みた場合、我々は己の「利欲」よりむしろ、「正義」にもとづいて争っていることの方が多いのではないか。

「争いのない社会を造りましょう」という美しいスローガンに諸手を挙げて賛同するような極楽トンボには、私はとうていなれそうもない。「利欲があるかぎり争いは無くならない」という命題が真であるのに等しく、「正義があるかぎり争いは無くならない」という逆説もまた真だからである。

註1 むろん、「正義」という建前を前面に出しながら本音の部分では「利欲」にもとづいている場合や、「利欲」と「正義」が複雑に絡み合って判定不能な場合もあるが、ここではさしあたり三つの大枠として見て頂ければそれで十分である。

註2 「正義」の反対語は通常「不正」と言われているが、必ずしもそうではなく、「不義」とした方がよく理解できる場合もある。両者の違いは、「正しからざるもの」と「義ならざるもの」との違いであるが、俗に言う不倫は、「不義密通」という言葉で表されるとおり「不義」である。それに対し、売春は「不正」である。「天に代りて不義を討つ」とは言うが、「不正を討つ」とは言わない。カンニングを「不正行為」と言うが「不義行為」とは言わない。信義に反した者が「不義」であり、法や規則に反した者が「不正」なのである。むろん、両義を兼ねる場合もあり、個々の事態において使い分けるのは面倒なので、本書では正義の反対語を「不義不正」としておく。

3 国家間における「懲悪」としての正義

「正義があるかぎり争いは無くならない」という視点から人類史を顧みると、正義の様々なあり方が見えてくる。たとえば戦争について考えてみた場合、およそすべての戦争は、史実はどうであれ自国からは「正義の戦争」として規定される。自国こそが正しく敵国は不義不正の国であり、この不義を懲らしめる戦争はまさしく「正義」の戦争となる。そして正義たる自国が勝利すれば、敗れた相手国には二つのものが要求される。

一つは、勝者が戦争のために要した費用の「物理的な賠償」であり、それは基本的には「同害原則」にもとづいて求められたものである（この同害原則も「正義」の一つであるのだが、これについては第一章で詳述する）。たとえば、第一次大戦後の敗戦国ドイツに対する英仏両国の賠償請求は、戦争で被った損害に対してだけでなく、両国がドイツと戦うために要した費用全額にまで及んだ。もう一つは「勝てば官軍負ければ賊軍」の名句に示される「勝者の正義と敗者の不義」の構図、つまり「戦勝国＝善、敗戦国＝悪」という構図を受け入れることが求められる。

第二次大戦後、敗戦国に求められる「物理的な賠償」と「不義の構図」（戦勝国側からすれば「正義の構図」）の比重は大きく変化した。今大戦では、第一次大戦での莫大な賠償金によって窮鼠状態に追いつめられたドイツの事例に対する反省があってか、「物理的賠償」についてはかなり寛大であったが、代わって「勝者の正義と敗者の不義」の追求は徹底したものとなった。

米軍は、非戦闘員をも標的にした原爆による無差別爆撃を行ったにもかかわらず、東京裁判（極東国際軍事裁判）では誰一人裁かれず、敗戦国の人間のみが裁かれた。しかも、七年間にわたる日本占領期間中、「勝者の正義と敗者の不義」は徹底され、教育や憲法にまで及んだため、これを通じて日本人は徹底的に洗脳された。その結果、大多数の日本人が、勝者の正義に唯々諾々として従うようになった。こうして、不義不正の国、日本を懲らしめた連合国の正義という構図は、完璧なものとなったのである。

第二次大戦以降、他国と自称「正義」の戦争を行い、それに勝利することで金品や土地などの利権を手に入れることが困難になった現代においては、悪を懲らしめる事自体が「正義」と見られるようになった。二〇〇一年一〇月に始まった米軍によるアフガニスタン空爆はその典型であろう。

ブッシュ大統領は口角泡を飛ばしながら「正義」を呼号し、攻撃の正当性を主張した。ここにあるのは単なる損得ずくの銭勘定ではなく、「不義不正を懲らしめる」という正義の観念に他ならない。湾岸戦争の時も然り。正義にもとづき、悪の枢軸たる敵国イラクを懲らしめるという、「懲悪としての正義」である。

他方、ビンラディンやフセインにしてみれば、「覇権主義」によって「イスラムの聖地を汚す」極悪国家アメリカを懲らしめることが、彼らにとっての「正義の戦い」なのである。だが、「正義」は、「悪」である敵に勝利しないかぎり、日の目を見る事はない。当たり前のことだが、勝つのは「正義」ではなく「強いもの」、だからである。

パスカルは正義に関し次のような名言を吐いている。

正義は論議の種になる。力は非常にはっきりしていて、論議無用である。そのために、人は正義に力を与えることができなかった。なぜなら、力が正義に反対して、それは正しくなく、正しいのは自分だと言ったからである。このようにして人は、正しいものを強くできなかったので、強いものを正しいとしたのである。

（世界の名著29『パスカル』前田陽一訳、中央公論社、一八九頁）

他国への侵略戦争がたとえ利得を意図したものであっても、何らかの大義名分を掲げその戦争に勝利するかぎり、その国の「正義」は力によって肯定されてしまう。力を有する勝者こそがまさに悪を懲らしめた善なる国家と規定されるのである。優勝劣敗における勝者が善であり正義とされるのは戦史上の必然で、国家間における「正義の構図」とは古来こうしたものであった。

こうした優勝劣敗の争いの中で、正義は「悪を倒す力」として規定されるようになったのである。長谷川三千子が指摘するように、「正義とは不正の処罰」であって、「もし不正が存在しないなら、正義の観念も無意味なものとならざるをえない」（前掲書五一頁）のである。こうした「悪を倒す力」としての正義を「懲悪型」正義と名付けておこう。

4　個人・組織における「懲悪」としての正義

個人や組織における争いにも、国家間における「正義の構図」を当てはめることができる。近代的法治国家の下では個人間における物理的暴力は禁止されるため、個人の正義は「武力」ではなく主に「論理（ロゴス）」という力によって支えられていると言えようが、時には権勢・財力、あるいは声の大きさといった要素が正邪を分かつこともある。先のパスカルの言に見られる通り、ここでも「力」の強い者、すなわち勝者が正義となるのである。

その典型例が裁判である。裁判は双方の力を判定する第三者（裁判官）がいるから、双方の物理的な暴力による決着は避けられる。だが、論理的な実証による裁定の場においても論理実証能力という「力」が争われることに変わりはない。

たとえば、平成一〇年四月六日、神戸地検は甲山学園の園児殺害の罪に問われた元保母を無罪とした神戸地裁差し戻し審の判決を不服として、大阪高裁に控訴した。

地検・弁護団の言い分はともに「正義」にもとづき、次のように主張される。

地検の言い分——「判決の結論の誤りが明らかであることと事案の重大性を考慮すれば、判決を確定させるのは正義に反するといわざるを得ず、控訴によって適正な裁判を求めるべきだと判断した。」

これに対する弁護団の言い分——「山田さん、荒木さん、多田さんへの殺人、偽証両事件が冤罪なのは、二度の無罪判決からも明らか。控訴したことは法と正義に対する重大な挑戦。検察官の個人的メンツのみにもとづく暴挙で強く抗議する。」（「毎日新聞」平成一〇年四月七日付朝刊・福岡、傍点筆者）

国家間における争いと同様、検察・弁護双方の主張がいずれも己の信じる「正義」にもとづいているという点に注目して欲しい。真実は一つでしかあり得ないが、相反する二つの命題が双方の確信にもとづき、共に「正義」の名の下に論理的に主張されるのである。

翌年九月、大阪高裁は異例のスピードで控訴を棄却、これを受けて大阪高検は上告を断念した。甲山事件は事件発生から二五年を経てようやく結審したが、この結果、検察の「正義」は一転、「敗者の不義」に転じ、弁護側の正義は「勝者の正義」として公認されたのである。これは検察の正義が「論理」という力の争いに敗れた結果である。

こうしてみると、「正義」は「力関係」によって左右される、極めて相対的な様相を持つということが明らかになってくる。

5 「理」の正義と「義」の正義

通常、正義は「利」（利欲）や「情」（感情）によって規定されるのではなく、「理」（論理・ロゴス）によって規定される。かつて東京裁判で、パール判事が一人、日本の無罪を主張したが、それは何も将来日本からの「利」を当てにしたからではない。事実、「利」を考えるなら、連合国に与《くみ》する方が得であることは言うまでもない。だが、彼は己《おの》が信じる「理」にもとづいて日本無罪を唱えたのである。

彼の訪日に際して行われた歓迎会で、ある人が「同情ある判決を頂いて感謝に堪えない」と挨拶したところ、彼は次のように言ったという。

私が日本に同情ある判決を行ったと考えられるならば、それはとんでもない誤解である。私は日本の同情者として判決したのでもなく、西欧を憎んで判決したのでもない。真実を真実と認め、これに対する私の信ずる正しき法を適用したにすぎない。それ以上のものでも、また、それ以下のものでもない。

（田中正明『パール判事の日本無罪論』小学館文庫、一一頁）

彼の「理の力」が、東京裁判で米国をはじめとする一〇カ国の「数の力」に敗れたことは周知のことだが、敗者であるはずの彼が後に国連の国際司法委員会議長に就任したこと（一九五八年と一九六二～六七年）を考えれば、彼の「理」を支える道徳的信念を各国が如何に認めていたかがうかがい知れる。

ところで、青年期に信奉される主義・主張は、若さの特権であるその純粋性において、左右を問わず尖鋭化する。左派は右派を、右派は左派をそれぞれ不倶戴天の敵とし、時に暴力的鉄槌や天誅を自派の大義名分において正当化する傾向がある。その正当化の根拠になっているのが、そのイデオロギーのもつ正しさへの「確信」である。だが、この構造は自派のイデオロギーを信じる者は「正義」であるとする論理的前提が、対立する者を「不義不正なる悪しき輩」と価値付けるような「道徳的」帰結を招きがちである。それゆえ、若い頃は、イデオロギーの対立が即、相手との人格的な対立をも招く結果となってしまう。

だが何らかの契機に、ある人の信じるイデオロギーとその人が有する道徳的資質は別物である、ということに人は気付くということもある。「敵ながらあっぱれ」という評価が生じるとすれば、それを生じさせる契機は何なのか？　たとえば、全共闘相手の単独討論に応じた三島由紀夫や、学生に拘束されながらも「只今学生を教育中」と言って、警察権力介入を拒否した林健太郎東大総長（当時）には、全共闘のゲバ学生も賛辞を送ったという。それに反し、学生達に諂《へつら》った「物分かりのよい」教員を、彼らは唾棄すべき者として軽蔑したという。シンパとなる教員より、敵であるはずの教員をあっぱれと見なしたその根拠を求めるなら、それは、その人のもつ「理」にではなく、その理を支える「道徳的信念」に行き着くのではないだろうか。

己が信じる正義と相手が信じる正義が真っ向から対立し、敵対関係にあったとしてもなお「敵ながらあっぱれ」と評価する際、その根拠はそれぞれが信じる「理」の中からは決して出てこない。それはその人の生き方を支える「道徳的信念」の中にこそ、求められるはずのものである。

イデオロギー対立のほとんどは、「理」の対立である。だが、人はそうした対立よりも人の生き方を支える「道徳的信念」（＝「義」）における対立をこそ嫌う。とすれば、「理」の正義の他に、「義」の「正義」を考えねばならないのではないか。ならば、その「義」と称すべき「道徳的信念」とは何かが問われねばならない。

三島・林の両氏がゲバ学生から評価されたのは何故か。それは、敵陣においても決して諂うことのない、両氏の決死の覚悟がゲバ学生にも伝わってきたからではなかったか。また、西南の役に敗れて「国賊」となったはずの西郷南洲が、一〇年後復権、国の英雄になったのは何故か。それは彼の道徳的信念を、「まっとうなもの」として誰もが認めたからではなかったか。

命もいらず、名もいらず、官位も金もいらぬ人は、始末に困るもの也。此の始末に困る人ならでは、艱難を共にして国家の大業は成し得られぬ也。

(『西郷南洲遺訓』岩波文庫、一五頁)

人を相手にせず、天を相手にせよ。天を相手にして、己を尽して人を咎《とが》めず、我が誠の足らざるを尋ぬべし。

(同書一三頁)

西郷の遺訓に示されるが如く、「自らの命も世俗的な利欲も共に捨て去る覚悟を持って」、「人ではなく天を相手にし、他人を咎めるのではなく、己自身を内省する。」三島・林・西郷の、こうした「道徳的信念」を誰もが認めたがゆえに、たとえ異なる「理」を有する敵ではあっても、彼らの「義」は評価されたと言い得るのではあるまいか。

6　まっとうな正義

すでに示したように、正義は己の「利」や「情」から切り離された「理」にもとづいて、まずは正義たりうるのであるが、では互いに異なる「理」にもとづく正義が、双方同等の「力」を持って二律背反を生じたらどうなるか。裁判では裁判官という判定者がいるものの、判定者がいない場合にいずれの正義が正しいと、いったい誰が決めるのか？

パスカルが言うように、正義は「力」によって基礎づけられ、力の強いものが「正義」となる。それゆえ、己の信じる正義により多くの「力」を付けるため、権威者や有名人の言説を借りて、より高次の普遍性を持たせようとする。普遍性という力によって、己の正義を「絶対的」なものへと近づけようとする訳である。

また、不正なる者を批判する際、マスコミに先導された世間は、己の正義を世に示すよい機会とばかり、徹底した他者批判を行う。本来、政策論争をすべき国会においてさえ、こうした無用の他者批判が日常的に行われている。政治屋や不浄役人、犯罪者を批判する世論は常に正義であると誰もが信じ、決して疑われることもないほどだ。

だが、己の正義の剣を振り上げる前に、同じ状況に自らが置かれたとき、自分は同じような罪を一切犯さぬ自信があるか、己の胸に手を当てて省みる態度を忘れてはならないのではあるまいか。私はキリスト教徒ではないが、新約聖書に出てくる「ヨハネ伝」第八章の有名な話にはいつも感心させられる。姦淫の罪で捕えられた女に関して大衆が、「律法はこういう女は石で打ち殺せと命じているがあなたはどう思われるか」とイエスに問うたのに対し、イエスは、「汝らのうち罪なき者まず石擲《なげう》て」という名言を吐く。

はたして我が身は善であり、正しき者であり、罪なき者だと確信できる人などいるのだろうか？　人間は誰もが過ちを犯す可能性を有している。それを自覚するか、しないかによってその人の「正義」の質も変わってくる。己の「理」を盲信し、他者批判ばかりにうつつを抜かす正義に留まり続けるか、それとも、その批判の矛先を我が身にも向けうる正義を持ち得るか。いずれが「まっとうな正義」足り得るや？

このような観点から先の甲山事件を見てみると、全く別の側面が見えてくる。同事件は被告無罪で冤罪の決着はついたものの、「事件そのもの」が解決されたわけではない。真犯人は闇に葬られたままだからである。したがって、真犯人を処罰するという裁判の本来の目的から離れたところで「正義」は決着してしまった訳である。

冤罪事件において、検察は被告有罪の論理ばかりを、弁護側は被告無罪の論理ばかりを主張し、裁判は進められる。お互いが自らの正義を確信するなら力と力の争いにしかならないが、ここでもし、その同じ検察が「現被告は真犯人ではないかもしれない」という視点を持って、調査をしてみたらどうなるか。おそらくは冤罪事件もこれほど多くはなかったろう。また、冤罪を主張する弁護団は警察・検察の捜査の誤りを確信しそれを批判することだけに終始するが、「自らの手で真犯人をさがしてみよう」とする視点を入れてみたらどうだろう。真犯人が分かれば、松本サリン事件の河野義行さんのように、無実であるということが一発で証明され、被疑者扱いされた人も被害者も共に浮かばれよう。また、真犯人を裁くという裁判本来の目的に添うことにもなろう。

つまり、ここで重要なことは、己の論理の正しさを主張するばかりではなく、己の正義の不完全性を考えてみるという道徳的視点が必要だということである。このような視点を検察や被告弁護双方が有していたなら、真犯人を裁きにかけるという新たな展開が期待できたかもしれず、また仮にできなくとも、検察と被告弁護側は単なる敵対関係だけで終わらずにすんだかもしれない。

こうして考えてみると、己の信じる「理」を絶対化するのではなく、そこに「内省」という道徳性を伴ってはじめて、己の「理」はまこと正義の名に値すると言えるのではないだろうか。結論を先取りして言えば、道徳的正義とは、時にこうした「内省」することそのものであり、時に「命をも捨てる覚悟」でもある。

本書が以下論じていきたいことは、西郷の遺訓（三二頁）に見られるが如き「他者批判」から切り離された「自己内省」という生き方、また「命も名も官位も金もいらぬ」というような死をも覚悟した生き方、こうした生き方の中に「義の正義」（道徳的正義）を見出し、それを「まっとうな正義」と規定することである。

第一章
正義の源流

＊『アテネの学堂』（部分）
（ラファエロ、一五〇九～一一年頃、ローマ、ヴァティカン宮殿）

1 「正義」の意味

序章末尾でも述べた通り、本稿では「まっとうな正義」とは何であるのかを中心に論じていくつもりだが、正義概念が多義的であることは論を俟《ま》たない。そこで我田引水の議論にならぬよう、本章では、正義概念のもともとの意味を、その歴史性のなかで押さえる作業をしておきたい。

ためしに「正義」を『世界大百科事典』で調べてみると次のように記してある。

〔意義〕人間の行為を、正しい、正しくないというように判断するための基準が正義である。正義の古典的定義として有名なのは、ローマ法学者ウルピアヌスの〈各人に彼のものを与えんとする恒常的意思〉という定義であるが、さらにその源をたどればアリストテレスの正義概念にさかのぼる。アリストテレスは、正義とは均等的、〈価値に相応の〉ということであり、不正とは不均等的、〈過多をむさぼる〉ことであるとした。そしてそのうえで二つの均等があるとし、配分的正義と矯正的正義とを区別する。配分的正義とは、共同的な事物の配分に関する正義であり、配分における彼の価値にふさわしい分けまえを意味する。矯正的正義とは、取引の均等とか罪と罰の均等ということを意味し、たとえば取引において一方が不正に利益を得て他方が不正の損害を受けることがないということである。また犯罪における矯正的正義についてアリストテレスは、Aが殴打されBが殴打する場合Aは損失をうけBは利得をえている、そこで裁判官はBから利得を奪い、罰という損失によってAとBの均等化を行う、と述べている。…（中略）…正義の概念は古来から法と不可分の関係にあるとされてきた。ギリシアにおいて法を意味するディケ dikē と正義を意味するディカイオシュネ dikaiosynē は密接に結びついていたし、今日でも justice は正義という意味のみでなく司法、裁判所の意味を有している。

［正義論の対立］ 正義が均等や法と密接な関係にあるということは、正義がある秩序または調和を示す概念であることを示唆している。この意味で正しい行為とは基準やルールに従う行為であるばかりでなく、秩序や調和に従う行為であり、不正な行為とは秩序や調和から逸脱する行為である。…（中略）…しかしこの秩序と調和がなんであり、正義がなんであるかについては古来から対立が存在する。…（中略）…プラトンは正義を善のイデア＝〈神的にして秩序あるもの〉であるとし、人間は善のイデアを超越的能力である理性によって観照しうるとした。善のイデアはある数的調和を示

す概念として考えられており、経験によって得られるものではなくむしろ経験を超えたところに存在する超越的概念である。プラトンはこの善のイデアに従って個人が生活し国家が統治されるときに個人の正義と国家の正義が実現されると考えた。（以下省略）

（CD-ROM版『世界大百科事典』日立デジタル平凡社）

ここで示されたように、正義の定義として有名なのは、ローマ法学者ウルピアヌス（一七〇頃～二二八）による「各人に彼のものを与えんとする恒常的意思」という定義であるが、この定義の源流にはアリストテレス（前三八四～前三二二）の「特殊的正義（配分的正義、矯正的正義）」、そしてキケロ（前一〇六～前四三）の「各人に彼のものを」という定義があると言われている。こうした「正義」の潮流は、現代にいたるも「均等性」として脈々と受け継がれている。このような「正義」の生い立ちをそれぞれの時代に即して語っていくことは気の遠くなるような作業であるから、本書でもそのすべてを扱うことはしないが、正義の源流に関してだけは少し触れておきたい。

2 「正義」の起源――ハムラビ法典

「正義」の源流が古代ギリシャ時代にまで遡ることができるのは周知のことだが、よく調べてみると、さらに千数百年程遡ることができる。今から三七〇〇年程前（日本の縄文時代）に記された、有名なハムラビ法典（ハムラビ王在位、前一七二九〜前一六八六、一説に前一七九二〜前一七五〇）である。[註1]

ハムラビ法典は「復讐の法典」ではなく「正義の法典」である、と言ったら、おそらく多くの人が意外に思われるに違いない。だが、この法典を実際に読んでみれば、「やられたらやり返せ」「復讐法」「敵討ち奨励」というような理解が、いかに先入見にもとづいたものであるかがよく分かる。

中学の頃だっただろうか、ある教師が、「ハムラビ法典に出てくるような、目には目を歯には歯をという復讐心はよくありません。これはヤクザの論理です……」というようなことを言ったのを記憶している。その時は「目には目を歯には歯を」が意味するところは、「やられたらやり返せ」という復讐を意味するものと思っていた（今でもこのように思っている人は多いのではないかと思う）。ところが、その後（といってもかなり後だが）少しばかり自分の頭で考え、実際に検証してみるようになると、これはとんでもない誤解であるということに気付いた。

この法典が真に目指すのは、私刑による「復讐」の奨励などということではなく、むしろ「同害（応報）原則」や「それ相当の償い」を果たすことにあったのである。人の目を傷つけたならば自分の目で、人の歯を砕いたときは自分の歯で、応報的な償いを受けねばならない、あるいは、それ相当の対価（後で記すように「銀」など）によって償わねばならないという、「償い」の原理であるということである。(註2)

「ハムラビ法典は復讐法である」という誤解ばかりが先行し、「悪名高きハムラビ法典の目には目を歯には歯を」とした引用が目立つようだが、不思議なことに原典からの引用をほとんど目にすることがない。そこで本章では、単なる「復讐法」という誤解を解くべくその鍵となる部分を以下に引用してみよう。(註3)

ハムラビ法典の序文は以下の言葉で閉められ本文へと続いていく。

マルダク〔バビロンの主神〕我をして民を治め導くべく人類の支配者として任ぜし時、我は国民の福利の為、国土に律法と正義とを設立せり。

（傍点筆者、〔〕内筆者、以下同）

そして、本文にてかの有名な次の文が述べられる。

人もし、自由人の眼を傷けたる時には、彼自身の眼も傷けらるべし。（第一九六条）
人もし、自由人の骨を挫きたる時には、彼自身の骨も挫かるべし。（第一九七条）
人もし、同階級の人の歯を挫きたる時には、彼自らの歯も挫かるべし。（第二〇〇条）

上記のいずれをみても、「やられたらやり返せ」という復讐を奨励している訳ではなく、あくまでも同害による応報の原則を語っているにすぎない。
ならば、いかなる場合も応報的な「同害原則」が適用されるかというと、実はそうではない。下位階級の者に対する傷害は同害原則から除外される。それをみてみよう。

人〔自由人〕もし、平民の歯を挫きたる時には、銀一ミナの三分の一をもて償ふべし。（第二〇一条）

また、頰を打つくらいの軽微な傷害も同害原則から除外される。

もし平民、彼と同階級の平民の頰を打たば、銀一ミナをもて償ふべし。（第二〇三条）

このように、「同害原則」が常に貫かれているのではなく、対価（銀）による「償い」が様々な箇所で規定されているのである。過失による傷害や殺人も同様に「同害原則」からの免責がなされている。

人もし、他の人と争ひて彼を打ち、彼を傷けたる場合には、その人誓ひて、「我悪意をもて打ちたるに非ず」、と云ふべし。而して彼は、医者の治療費を支払ふべし。（第二〇六条）

もし、彼の打撃に依つて、彼死したる場合には、「彼前の如く」誓ひて、彼平民たる時には、銀二分の一ミナを支払ふべし。（第二〇七条）

このように、過失による傷害や致死であれば、「悪意をもってしたのではないこと」を表明することで、同害原則から免れ、それを銀による賠償へと変えることができるのである。

さらに弱者（下位階級）に対する配慮も至るところ（第二一五、二一六、二二一、二二二条）でなされているので、それらもみてみよう。

もし医者、自由人の深き傷を青銅の小刀にて手術して、彼を救ひ、或ひは自由人の腫物を青銅の小刀にて除き、彼の眼を癒したる時には、彼は銀十シケルを受くべし。

(第二一五条)

もし、その患者平民たる時には、彼、銀五シケルを受くべし。

(第二一六条)

この法典で人は、三つの階級(上から「自由人」「平民」「奴隷」)に分けられるが、上位階級である自由人からは多くの報酬(銀十シケル)を受け、その下の階級である平民からは少ない報酬(銀五シケル)を受けることが上記の二一五・二一六条において規定されている。

また、以下に見られるように、「手術」と「整骨」の労力が区別され、「手術」では「自由人―銀十シケル」(第二一五条)「平民―銀五シケル」(第二一六条)であった報酬が、「整骨」ではその約半分になる。

もし医者、自由人の挫けたる骨を癒し、或ひは病める肉体を恢復せしめたる時には、患者は、その医者に、銀五シケルを支払ふべし。

(第二二一条)

もし患者、平民たる場合には、彼、銀三シケルを支払ふべし。（第二二二条）

こうした規定はまさしく労力に応じた取り分、身分の上下に応じた支払いを意味し、現代の福祉政策にも通じるものがある。こうした点からも、ハムラビ法典は序文末尾の語が示すとおり「国民の福利の為」を考えた「正義の法典」と言えるのではないだろうか。跋文でも至るところで「正義」という語が出てくるのだが、上記引用条文からしても、ハムラビ法典は決して復讐だけを目的とした法典ではなく、また、単に同害の原理だけを目的とした応報刑による法典でもなく、「動機や身分、労力」などに応じて「各自に彼のもの」を与えようとする「均等性としての正義」を目指した法典と解釈することも可能なのである。

古代ギリシャ・ローマ時代に規定されたと伝えられる均等性としての正義は、さらに遡ること千数百年前のハムラビ法典のなかにその萌芽があったと言えよう。ギリシャ神話に出てくる掟の女神テミスや正義の女神ディケーが持っている秤、すなわち「正義＝釣り合い」に象徴される「均等性としての正義」は、ハムラビ法典以後、今日まで約四〇〇〇年もの長きにわたり、国家的法体系の中心概念であり続けたのである。

註1　以前は世界最古の法典と言われていたが、ウルナンム法典（在位、前二一一二～二〇九五）、リピト・イシュタル法典（在位、前一九三四～一九二四）、エシュヌンナ法典などの断片が発見されたため、ハムラビ法典はこれらの伝統を受け継いで出来上がったのではないかとされている。

註2　なぜ「ハムラビ法典＝復讐」というイメージが定着したかというと、それは旧約聖書（「出エジプト記」21章24節、「レビ記」24章20節、「申命記」19章21節）に出てくる「目には目を歯には歯を」を否定的に記した、新約聖書（「マタイ伝」5章38～40節）の記述に起因するようである。「目には目を、歯には歯をといえることあるを汝ら聞けり。されど我は汝らに告ぐ。悪しき者に手向かうな。人もし汝の右の頰をうたば左をも向けよ。」この部分を、キリスト教徒が次のように悪意をもって解釈したという説である。「ユダヤ人は復讐を公認した、しかしキリストは右の頰を打たれたら左の頰を出せといった。キリスト教はユダヤ教の復讐公認を否定した愛の宗教である。」（イザヤ・ベンダサン〈山本七平〉『ユダヤ人と日本人』角川ソフィア文庫、二二〇頁）なぜ、この解釈が「悪意」と言えるかというと、これは長谷川も指摘しているように、新約聖書も、同じ「マタイ伝」の「最後の審判」において、悪人は「永遠の刑罰」を受け、善人は「永遠の生命」を受けるというような神の裁きによる「同害原則」に支えられているためである。（長谷川三千子『正義の喪失』五八頁参照）

註3　引用は、分かりやすさの点から『ハムラビの法典』（松田明三郎訳、日曜世界社、一九三三年）によった。現在手に入れやすいものとしては、『古代オリエント資料集成1　ハンムラビ「法典」』（中田一郎訳、リトン、一九九九年）がある。なお、この法典で人は三つの階級（松田訳によると上から「自由人」「平民」「奴隷」）に分けられるが、「自由人《アヴィールム》」と「平　民《ムシュケーヌム》」この両訳語

に関しては諸説あるので、詳細は中田一郎訳の同書九〇頁以降を参照されたし。本書ではとりあえず松田訳で統一する。）

3 正義の源流(1)――剣と秤

ギリシャ神話における「正義」の女神「ディケー」は、ローマ神話では「ユスティティア」（「justitia」〔ラテン語〕）という名で表され、それが「justice」〔英語〕の語源であったとされるが、ディケーの母親である「掟」の女神「テミス」（テミス、ディケーともに「正義の女神」と呼ばれることもある）は、左手に秤を持ち右手に剣を持つとされる。（このため、西洋における正義の寓意像には、「剣」あるいは「秤」を手にした女神の姿で描かれたものが数多くある。第三章～終章の扉を参照。）

この剣が意味するところは、正義を貫徹するために必要な「力」である。一八世紀のドイツの法学者イェーリングによれば、「法（正義）は単なる思想ではなくて、生きた力である。だから、正義の女神（テミスのこと）は、一方の手には権利（正義）を量る秤を持ち、他方の手には権利（正義）を主張するための剣を握っている」と言う。また続けて、「秤のない剣は裸の暴力であり剣のない秤は法（正義）の無力を意味する。秤と剣は相互依存し、正義の女神の剣をふるう力と、その秤をあつかう技術とが均衡するところにのみ、完全な法律〔正義〕状態が存在する」と言っている。（『権利のための闘争』日本評論社、一九七九年、二二頁、〔 〕内筆者、「権利」「法」「法律」はドイツ語ですべて「Recht」でありこれは「正しさ」「正義」の意味も有す。）

パスカルも語ったように（「序章」二六頁参照）、正義は力によって規定されるといっても過言ではない。事実、「正義」の行使には常に力が必要とされ、「不義不正」なるものを懲らしめる「力」は、正義の貫徹に不可欠のものである。このように、正義の実現には、常に「懲悪」という力（＝剣）が伴うということを押さえておく必要がある。

また、「秤」は釣り合い（均等性）を意味すると言われているが、この点は正義を論じるにあたり、極めて重要な論点を含むので次節にて詳しく論じていこう。

4　正義の源流(2)――均等性（平等性）

先に少し触れたように「正義」の体系化はギリシャ時代に行われたが、プラトンは神的な「善のイデア」を「理想国家」として地上に実現すべく、それとの関連で正義を捉えた。個人においては、魂が有する「理知（理性）・気概・欲望」が、それぞれ「知恵・勇気・

節制」の徳を持つことで正義が実現できるとし、国家においては、「守護者（支配者）・軍人・民衆」それぞれが「知恵・勇気・節制」の徳を担うことで、この三つが調和している状態を正義と呼び、その実現を目指したのである。

他方、アリストテレスはプラトンのイデア論を批判し、正義概念を全般的な徳全体として捉えるのではなく徳の一つに組み込み、こちらに主眼をおいた。それゆえ、教科書的には正義の主軸を三つの徳の調和に置くプラトンと、徳の一つに正義の主軸を置くアリストテレスという形で、その相違が語られたりもする。だが、「均等性（平等性）」という点に限定するならば、両者の差は以下に示す通りあまりないようである。(註4)

時代は逆になるが、まずは正義概念の分類で有名なアリストテレスから先に見ていこう。

アリストテレスは、正義を「一般的正義」と「特殊的正義」に大別し、一般的正義は「適法性」と「均等（平等）性」を含んだ徳全般に関わるもの（「全体としての正義」）とし、特殊的正義は「均等（平等）性」だけに関わるもの（「部分としての正義」）として区別する。先に引いた「配分的正義」と「矯正的正義」（三八〜三九頁参照）はこの「特殊的正義」に属するものであるが、アリストテレスにおいて、そしてまた今日の社会においても、特に論議の的となるのは「均等（平等）性」に関わるこの特殊的正義である。

アリストテレスの言う最初の特殊的正義は「配分的正義」であり、これは「幾何学的」

比例にもとづくものである。つまり、人間AとBに配分されるべきCとDの比が同一である場合に正義が成立するという、比と比の間における均等〔平等〕性を指す（A：B＝C：D、A：C＝B：D）。たとえば、一〇の仕事をしたAが一万円をもらい、五の仕事しかしなかったBが五〇〇〇円もらうとすれば、AB間の比率はCD間の比率と同じであり、こうした比例的な関係に均等〔平等〕、すなわち正義が成立するという考え方である。

（『ニコマコス倫理学』第五巻第三章、岩波文庫一七八〜一八一頁要約。1131a10〜1131b20）

次に、アリストテレスは「配分的正義」とは異なる「矯正的正義」を次のような形で示した。

法は人々を均等〔平等〕な人々として取り扱う。したがって裁判官が均等〔平等〕化しようとつとめるところのものは、こうした意味における「不均等〔不平等〕＝不正義」に他ならない。一方が殴打し、他方が殴打される場合には、「する」と「される」で不均等〔不平等〕が生じるから、裁判官は一方から「利得」を奪うこと、すなわち罰という「損失」で償わせることでその均等〔平等〕化を試みる。裁判官は一つの線分が不均等〔不平等〕な部分に分かれている場合に、大きな部分が全体の半分を超えている分だけ取り除き、小さい方の部分へ付け加えてやるのである。そして全体が均等に分かれたときはじめて、人は均等〔平等〕な取り分を得たことになる。つまり、均等〔平等〕とは「多」と「少」

との「中間」を意味し、正義はこの「中間」の状態に成立するものに他ならない。（同書第四章、岩波文庫一八一～一八五頁要約。1131b25～1132b20）

この矯正的正義は、「法の下での均等（平等）」という観点から、各自が過多にも過少にも傾かないということを正義概念の一形態として示したものである。たしかに、アリストテレスが例示したような加害者と被害者という観点だけから見れば、両者を均等（平等）化させるということは誰もが首肯しうることである。彼が言うように「「正」とは、ここでは、一方の意に反して生じた事態における或る意味における利得ならびに損失の「中」であり、事前と事後との間に均等（平等）を保持するということにほかならない。」（一八五頁　傍点・〔　〕内筆者）

だが、彼が線分で例示した「過多と過少の中間」という正義の観点は、現代社会においては「一方の意に反して生じた事態」を度外視し、あるいは拡大解釈する方向で適用されているようである。「富者対貧者」、「強者対弱者」、「マジョリティ対マイノリティ」、「男対女」というような図式の中で前者から過多なる分を取り上げ、後者にそれを与えることで、両者を矯正的に均等（平等）化するという解釈もその一例である。そうしたことから、先の「配分的正義」に属する「能力に応じた分け前」、あるいは「矯正的正義」に属する「一律平等・結果平等」のいずれが正しいかという、両者の白熱した議論が今日でもなされているのである。

実はこうした議論はすでに、プラトンによっても考えられていた。こうした「平等〔均等〕性」の二義的な捉え方については、プラトンもアリストテレスと同様の考えを有していたことをまずは明らかにしておこう。

プラトンは『法律』第六巻において自分を「アテナイからの客人」に擬せて、次のように言う。

> このような形での選挙は君主制と民主制の中間に当たりますが、国制はつねにこの両者の中間でなければならないのです。というのは、奴隷と主人とでは友情はけっして生まれないでしょうし、くだらない人間と優れた人間とが等しい評価を受ける場合も、やはり友情は生まれないでしょう。――なぜなら、等しくないものに等しいものが無差別に与えられるならば、その結果は等しくなくなるでしょうから――。じっさい、この二つ（独裁制における極端な不平等と民主制における無差別な平等）によって国内には争いが絶えないのです。たしかに「平等は友情を生む」という古い諺は真実であって、まったく正しく、適切に語られています。しかし、この友情を可能にする平等とはどういう平等なのかということがすこぶる不明瞭であるために、それがわたし

たちをすこぶる混乱させるのです。というのは、二種類の平等があって、それらは名前は同じですが、実際は多くの点でほとんど正反対のものだからです。一方の平等は、どんな国家、どんな立法者でも、栄誉を与える際にそれを容易に導入することができます。これは尺度、重量、数による平等で、分配に籤《くじ》を用いることによって、それを適用することができます。しかし最も真実な、最もよき平等は、誰にでも容易に見分けられるというものではありません。なぜなら、それを判定する能力はゼウスのものであって、この能力が人間の助けになるのは、いつもわずかだからです。しかし、国家なり個人なりにとって、それが助けになるかぎり、すべての善きものがそこから生み出されるのです。なぜなら、それは、より大きなものにはより多くを、より小さなものにはより少なくをと、双方にその本性に応じて適当なものを分け与え、とくに栄誉については、徳において大いなるものにはつねに大いなる栄誉を、徳と教養とにおいて反対のものにはそれにふさわしいものを、双方に比例的に分け与えるからです。じっさい、政治というものも、わたしたちにとってはいつも、まさにこの正義のことなのです。いまもわたしたちは、クレイニアス、この正義を目差し、この平等に眼を向けて、現在誕生しつつある国家を建設しなければならないのです。そしてもし誰かが、他の国家を建設することがあれば、この同じものを目標にして、立法すべきです。

少数の、あるいは一人の僭主なり、あるいは民衆の支配なりをではなく、つねに正義を目差すべきであり、この正義とはいま述べられたもの、すなわち不等なるものにそれぞれその本性に応じて与えられる平等のことです。

(『プラトン全集13巻』三四四〜三四六頁756E〜757D、岩波書店、傍点筆者、以下同)

このように、プラトンは「無差別的平等」ではなく、能力に応じた報酬というような「比例的平等」を平等の正しいあり方とし、国家が目差すべき正義と説いたのである。また、現代において散見される悪しき心情、すなわち「平等」という語の背後に潜んでいる「他者の優越を許さない」という心情を、プラトンは『ゴルギアス』の中でカリクレスを通して次のように語らせている。

ぼくの思うに、法律の制定者というのは、そういう力の弱い者たち、すなわち、世の大多数を占める人間どもなのである。だから彼らは、自分たちのこと、自分たちの利益のことを念頭において、法律を制定しているのであり、またそれにもとづいて賞賛したり、非難したりしているわけだ。つまり彼らは、人間たちの中でもより力の強い人たち、そしてより多く持つ能力のある人たちをおどして、自分たちよりも多く持つことがないようにするために、余計に取るのは醜いことで、不正なことであると言い、また不正を行なうとは、そのこと、つまり他の人よりも多く持とうと努めることだ、と言っているのだ。というのは、思うに、彼らは、自分たちが劣っているものだから、平等に持ちさえすれば、それで満足するだろうからである。

（『プラトン全集9巻』一一四頁 483BC、岩波書店）

プラトンは、当時の政治家達の姿をカリクレスという人物に重ねあわせたとされるが（同書三六〇頁参照）、この言が、無差別的平等を唱える現代の「平等主義者」に対する分析であるかのように感じるのは、私だけであろうか。無差別的平等を唱える人の背後に存する、「他者の優越を許したくない」という浅ましき心情は、ひょっとしたら「習熟度別クラス絶対反対」などと主張する現代の親の心底にも潜んでいるかもしれない。(註5) いずれにせよ、プラトンはこうした「無差別的平等」という考えよりも、「比例的（幾何学的）平等」を正しい平等のあり方としたのである。

君は、幾何学的な平等が、神々の間でも、人間たちの間でも、大いなる力をもっていることに気がついていないのだ。それどころか君は、なにがなんでも人より余計に持つことに努めなければならないと考えている。これもつまりは君が、幾何学の勉強をおろそかにしているからなのだ。

（同書一八八頁 508）

こうした「比例的（幾何学的）平等」が、アリストテレスの「配分的正義」やキケロの「各人に彼のものを」、そしてウルピアヌスの「各人に彼のものを与えんとする恒常的意思」という正義の定式化に連なり、今日の職種別・能力別賃金などを正当化する際の根拠にもなっている。また、プラトンの言う「無差別的平等」については、アリストテレスが言うところの「矯正的正義」にあたり、（註6）今日における権利の一律平等（たとえば、選挙権は皆一票）、義務教育制度における一律平等（たとえば、習熟度別クラス禁止）、あるいは男女結果平等（たとえば、ポジティブアクション）といった考え方の根拠になっているのである。

かくして、現代でも見られる「能力別給与」のような比例的平等を正義の実現と見なす立場と、「一律同額給与」のような無差別的平等を同じように正義の実現と見るこの二つの立場は、源流をたどれば、平等（均等）という正義に関する二つの異なる立場として、すでに古代ギリシャの昔に（紀元前に）プラトンやアリストテレスが指摘していたことなのである。

註4　「均等」「平等」はともにギリシャ語「イソン（ison）」の訳語である。本章冒頭の引用（三八～四〇頁）を見ても分かるように、アリストテレス翻訳の場合、「イソン」は「均等」と訳される場合が多いようであるが、訳者によっては「平等」であったりもする。（たとえば、加藤信朗訳『ニコマコス倫理学』アリストテレス全集13巻、岩波書店。）プラトン翻訳では「平等」とされることが多いようである。日本語では、「均等」と「平等」の間に微妙な差異があり、たとえば、「機会均等」「均等割り」というように「もの」との関係において語られるのが「均等」で、「男女平等」「四民平等」と言われるように「人と人」の間で語られるのが「平等」という語感的イメージが強い。だが、「イソン」（英訳では「equality」）はそうした両義を含んでいるので、その両義性を強調する意味で、「均等」という訳語の場合は「（平等）」を、「平等」という訳語の場合は「（均等）」を適宜筆者の判断によって補って記す。

註5　ある中学校で「基礎コース」と「応用コース」という能力別（習熟度別）クラスを作り、どちらに行くかは生徒達本人に任せたところ、生徒達は自分の能力に応じたそれぞれのクラスを問題なく選び、生徒達の評判もよかったのだが、これにかみついた者がいた。一部の親たちである。「能力別クラスは教育の平等に反する」というのが理由だそうだが、その背後にあるものは「我が子が下のクラスにいるのは許せない」という悪しき親のプライドであったようだ。（拙著『平等主義は正義にあらず』葦書房、七四頁参照）

註6　プラトンの言う「無差別的平等」をそのままアリストテレスの「矯正的正義」に組み込むには少し無理があると思われるが、ここではとりあえず、今日的な「一律平等・結果平等」の源流を

プラトン・アリストテレスのこうした正義概念の中に見出すという文脈で押さえることがポイントである。

5 正義の源流(3)――善と幸福の問題

もう一つ押さえておかねばならない点は、正義は、「善」や「幸福」といった徳目との関係の中で捉えられているということである。

アリストテレスは次のように言っている。

「人間というものの善」こそが政治の究極目的でなくてはならぬ。まことに、善は個人にとっても国にとっても同じものであるにしても、国の善に到達しこれを保全することのほうがまさしくより大きく、より究極的であると見られる。……この意味でそれ〔倫理学〕は一種の政治学的な研究だといえよう。

(『ニコマコス倫理学』上巻一七頁 1094b)

確かに、為政者は善なる国家を建設するよう努めねばならず、そこで言う「善なる国家」とは人民が皆幸福であるような国家のことであろう。では、人々にとっての善・幸福とは何か？　その捉え方は千差万別で、快楽を求め「畜獣の営む生活」（同二二頁1095b）を幸福だと考える人もあれば、「政治的な名誉」（同）を求める人もいる。また、「徳に即しての幸福」を求める「観照的な活動」（同、ならびに下巻一七三頁1177a）を考える場合もある。アリストテレスは究極的な幸福をこの「観照的な活動」に求め、これを最高のものとした。

幸福こそは究極的・自足的な或るものであり、われわれの行なうところのあらゆることがらの目的であると見られる。しかしながら、最高善は幸福にほかならないと説明するのは、けだし、何びとにも異論のないことがらを語るにすぎないのであって、真に要望されるのは、さらに、幸福とは何であるかということが、より判然と語られることであろう。……「人間というものの善」とは、人間の卓越性に即しての、またもしその卓越性が幾つかあるときは最も善き最も究極的な卓越性に即しての魂の活動であることとなる。（同上巻三二～三三頁1097b）

後にカントが幸福を一方では「傾向性の満足」として論じたように、「快楽や名誉を求める幸福」は、本能的、肉体的、金銭的、そうした諸々の欲望が満たされたとき感じるもので、たしかに幸福の一側面ではあろう。だが、プラトンやアリストテレス、そしてカントが究極の善（＝最高善）について考察する際問題にするのは、徳に即した幸福のあり方である。カントが言うように、徳（道徳的意志）とそれに比例した幸福が結びついた時、「最高善」が形成されるとするならば、幸福も同様に、道徳的なものとして捉えられなければならない。つまり、最高善は、道徳的な意志の実現として捉えられねばならないのである。

6　正義の源流(4)——まとめ

以上、正義概念をその発生の源流から踏まえ、以下にまとめてみる。

①正義概念の萌芽をハムラビ法典に見ることができるが、そこで示された「正義」は「同害」による応報的な釣り合いのみならず、「各人に彼のものを」という「均等性」をも含意するものであったと考えることができる。

②剣と秤に象徴される正義概念は、「懲悪」という「力」、「均等性」という「釣り合い」、これら二つの意味を持つ。

③正義概念の源流たるプラトン、アリストテレスいずれも、「平等性（均等性）」を「比例的平等（配分的正義）」と「無差別的平等（≒矯正的正義）」に大別して捉えた。
④諸々の徳に即したその結果（徳の実現）が幸福であり、その究極的なものが最高善である。

以上を確認した上で、本題に入っていこう。

第二章 平等主義の問題点

＊「諷刺」(『諷刺と機智』から部分)
(出典:『Allegorien und Embleme』1882年、邦題『絵でみるシンボル辞典』研究社出版)

1　平等主義

前章で見たように、正義概念の一つである「平等性〔均等性〕」はその源流において、「比例的平等」と「無差別的平等」に大別できたが、このいずれを真の平等とするかというような二つの平等〔均等〕概念の対立は、今日に至るも様々な場面で見られるようだ。たとえば、各人に応じた能力別賃金を是とするか、それとも能力に関係なく一律同額賃金を是とするかという議論、あるいは学校教育における習熟度別クラス導入の是非など、これらは、いずれの平等を選び取るかという議論に還元されるであろう。その際、すべてのことを一方の観点からのみ捉えようとするのではなく、両者〔比例的平等と無差別的平等〕を状況に応じて使い分けるという柔軟性が重要になってくると思われる。

だが、ここにある種のイデオロギーが介在すると、平等概念の適用の仕方は硬直化したものとなるようだ。近代における人権意識の高まりにつれて、個体間同士の「無条件的な同等性」を尊重する考えの方に平等概念適用の比重は移ってきたように思われる。つまり、「各人の働きに応じてそれに相当するものを与える」とする見方よりも、「人は皆平等である、平等であらねばならない」とする見方が強まってきたのである。しかも、人権は誰もが同等に有するというような自然法にもとづいた平等観ではなく、すべて人は無差別的に、また結果的にも皆同じでなければならないと主張する平等観である。

事実、平等とは「一義的、かつ不可侵なものである」という前提が、小・中・高校の平等教育においてばかりか社会全般に至るまで、広く信じ込まれているようだ。平等という概念には「その人に応じたものを与えるという比例的な平等」と「無差別的な一律平等」の二つの意味があり、それらを様々な場面に応じて使い分けねばならない……、というようなことを、高校を卒業するまでに習ったことのある人は一体どれだけいることだろう……。少なくとも私にはそうした記憶は一切ない。

多くの人は、「万人は平等である、平等であらねばならない」と唱えられたら最後、葵の紋所にひれ伏すが如く、もはや正面切って反論することができなくなる。下手に反論すれば関連団体に手討ちにされるやもしれず、平等主義にうさんくささを感じる一部の人々も多くは黙ってひれ伏したままであるようだ。こうしたある種のイデオロギーにもとづく「万人平等・男女平等」の押し売りは誰にも止めることはできないのだろうか。

本章ではそうした押し売りに抵抗すべく、「万人は平等である、平等であらねばならない」という形で一般に語られる「平等主義」の問題点を明らかにしていきたい。

2 「万人は平等である」ワケがない

「万人平等・男女平等」という思想は、共産主義やフェミニズムの影響もあってか、多くの人々に、あたかも永遠普遍の真理であるかのように信じられているようだ。世間では、「万人が皆平等であるような社会」を実現するための政策論争が日夜行われている。習熟度別クラスに対する反対、運動会における徒競走（かけっこ）の廃止、改正男女雇用機会均等法による「男性（あるいは女性）のみ採用」という表記の禁止、助産婦の男性登用（したがって助産師への名称変更）、夫婦間における性別役割分担批判、男女別名簿の廃止、はては男らしさ女らしさの否定まで、まことに多くの事例が平等主義を根拠に主張されていることは周知のことである。

さてそこで、「万人は平等である。万人は平等であらねばならない」という命題《テーゼ》を当然のものと考えておられる方々に問うてみたい。「万人は平等である」とは具体的にどういうことなのか？　おそらく、こう答えられるのではないか。「出生地、性差、職業、身体的特徴などによって人は差別されてはならない。万人は同じ人間なのだから」と。では、さらに問うてみたい。「万人が同じ人間とはどういうことなのか？」と。

当たり前のことなのだが、万人はそれぞれ容姿だけでなく、性別・性格・努力・才能・環境・運不運等々を含んだ形で誰一人として同じ人間はいない。万人は「異なった人間」であるのに、「万人が同じ人間」とはどういう事なのだろう?

平等主義が語られる場合、よく引き合いに出されるのが福沢諭吉の言である。「天は人の上に人を造らず人の下に人を造らず、という名言があるではないか。万人が平等であるようなこうした社会を築いていこう」と、たいていの人はそのように答えることだろう。「天は人の上に人を造らず、人の下に人を造らず」、なるほどいつ聞いても含蓄ある名言である。だが福沢は、「天は人を差別するものではないからそれに見習って差別のない平等社会を造ろう」と言ったのではない。「天は人を差別しないが現実社会には様々な上下関係がある。それはなぜか」と問うたのである。言うまでもなく彼はそれを学問の有無に還元した。確認しておこう。

天は人の上に人を造らず人の下に人を造らずと言えり。……されども今広くこの人間世界を見渡すに、かしこき人あり、おろかなる人あり、貧しきもあり、富めるもあり、貴人もあり、下人もありて、その有様雲と泥との相違あるに似たるは何ぞや。その次第甚だ明らかなり。実語教に、人学ばざれば智なし、智なき者は愚人なりとあり。

されば賢人と愚人との別は、学ぶと学ばざるとに由って出来るものなり。
（『学問のすゝめ』岩波文庫、一一頁、傍点筆者、以下同）

さらに彼は同書第二編の「人は同等なる事」の章で次のように言っている。

人と人との釣合を問えばこれを同等と言わざるを得ず。但しその同等とは有様の等しきを言うに非ず、権理通義の等しきを言うなり。その有様を論ずるときは、貧富強弱智愚の差あること甚だしく、……いわゆる雲と泥との相違なれども、また一方より見て、その人々持前の権理通義をもって論ずるときは、如何にも同等にして一厘一毛の軽重あることなし。即ちその権理通義とは、人々その命を重んじ、その身代所持の物を守り、その面目名誉を大切にするの大義なり。
（同書二一〜二二頁）

これを見ても分かるように、福沢の言う平等（同等）とは「有様」の等しい事を言うのではなく、権理通義（生命権、財産権、己の名誉を守る権利）の同等性を言うのである。
ところが、昨今では平等主義という強迫観念に駆られ、その異なった人間の「有様」もすべて同じでなければならないとする考えから、運動会での徒競走の廃止（順位を付けることが平等に反するらしい）だの、男らしさ女らしさの否定、あるいは（後述するような）「ポジティブアクション」のような「結果の平等」が主張されることになる。単に不平等社会をそのまま見過ごすわけにはいかぬという義憤に駆られてやっているだけなら根は純粋かもしれぬが、一つの平等概念だけを盲信し、自らの信じる平等社会達成という目的のためなら他の不平等は許されると考えるような、「目的は手段を正当化する」ものであったら、これは黙って見過ごすわけにはいかない。実際、人々がこうした誤った平等主義にミスリードされているとするならば、なおさらのことである。

こうした状況に関して、鋭い指摘をしたのは、ノーベル経済学賞を受賞したインドの経済学者アマルティア・センである。彼は次のように言う。

平等という概念は、ふたつの異なったタイプの多様性に直面している。すなわち、（一）人間とはそもそも互いに異なった存在であるということであり、（二）平等を判断するときに用いられる変数は複数存在するということである。……人間は互いに異なった存在であるために、異なった変数によって平等を評価すると多様な結果が導かれる。……「人類の平等」という強力なレトリックは、このような多様性から注意をそらしてしまう傾向がある。このようなレトリック（例えば、「人は生まれながらにして平等である」）は、平等主義の重要な要素と見なされているが、個人間の差異を無視することは実は非常に反平等主義的であり、すべての人に対して平等に配慮しようとすれば不利な立場の人を優遇するという「不平等な扱い」が必要になるかもしれないという事実を覆い隠すことになっている。……しばしば人間の多様性は、「人間の平等」という「崇高な」見地からではなく、単純化の必要性という現実的な「低い」見地から無視されてきた。その結果、平等に関する中心的で重要な特徴を無視することにつながっている。

（『不平等の再検討』岩波書店、一〜二頁、傍点筆者）

福沢の言ならびにセンの言は、安直な平等主義に対する批判としてまさに至言となろう。そこで、そもそも「平等に関する中心的で重要な特徴」とは何かを正確に把握するため、以下いくつかの例を出しながら考えていこう。

3　平等を論じる際の条件(1)——何の平等か

福沢やセンが言うように人間には多様な「有様」が生じている。したがって、そうした中で平等を論じる場合、一つの「観点」が必要とされ、福沢はそれを「権理・通義」に求めた。これはセンが出す「何の平等か」という変数の一つと考えられる。

センによると、たとえば、「自由」という変数に重きを置き、そうした観点から平等を唱えるなら、当然「所得」の平等はあり得ないし、「所得」という変数から平等を論じれば、「自由」が平等に与えられることはない。あらゆる変数において万人が平等などということはあり得ず、その意味で問われなければならないのは、何の平等に重きを置くかということである。つまり、こうした変数を措定せずに唱えられる「万人平等」的な主張は全くの空念仏だと言えよう。

ある異なった変数が措定されれば、当然、結果も異なってくるが、ここで忘れてはならないことは、「ある変数に関する平等は他の変数に関する不平等を伴いがちだということである。」（同書二六頁）したがって、ある変数に関する平等を論じた場合、そこから生じる他の不平等を正当化することになるが、それは後者の不平等よりも前者の平等が優先されたからである（この典型例が後述する「ポジティブアクション」である）。どの変数を用いて平等を論じるかという侃諤《かんがく》の議論は、いずれの変数を最優先させるべきかという議論につながるが、その際忘れてならないことは、その変数から生じる不平等を考えてなお、そちらの平等を優先しなければならない根拠は何か、ということである。

人間の多様性を考えれば考えるほど、どの変数に重きを置いて平等を論じるべきかということは立場によって異なってくる。「自由」に重きを置く「自由主義者」と「所得」に重きを置く「共産主義者」の平等観は真っ向から対立する。「自由平等主義者」が「自由」の平等を主張したにしても、「所得」の不平等を結果する以上、「所得平等主義者」からは「平等を僭称するな」と批判されるであろうし、逆も同様であろう。とすれば、いかなる変数をもってしても、あらゆる面で「万人が平等」になることなどあり得ない。それゆえ、ある変数によって導かれた平等の絶対的普遍性など決して実現できるものではないという事を前提とした上で、何故あえてその変数が最優先されるのかという、その根拠が問われねばならないのである。

4　平等を論じる際の条件(2)——誰が平等に扱うのか

センが指摘する「何の平等か」という問題の他に、もう一つ指摘しておかねばならない重要な点がある。

「何の平等か」という点から明らかにされた変数の問題は「観点」の措定ということで、それはたとえば「機会を」平等に与える、「所得を」平等に与える、というような「対格」(目的格)の問題となってあらわれる。だが、ここでもう一つ忘れてはならないことは、その平等を「誰が（あるいは何が）為すか」という「主格」（主語）の問題である。

たとえば、プラトンが出したような幾何学的比例にもとづく平等とは、その人の働きに応じたものをその人に与えるということを意味し、その完全なる比例関係は本来神によって為されるものとされた。つまり、人々を平等に扱うべき「主体」の存在を語ることなしに、「平等」を唱えても意味がないのである。この点も重要なので、詳しく見てみよう。

「人は平等でなければならない」という「平等主義」の基本命題を真剣に信じている人に、「なぜ人は平等でなければならないのか？」と問うてみるとおもしろい。おそらくその人はこう答えるだろう。「おまえは不平等な扱いをされたいか、されたくないだろう。だから、平等でなければならないのだ。」ではさらに聞こう。「不平等な扱いとは誰による扱いか？」その人は答える。「それは、法である場合もあれば会社や組織、また人による場合もある。同じ犯罪を起こしても自分にだけ厳しい罰を与えられるのは心外だ。会社で自分と同じ条件を有する人と異なった待遇を受けるのも許せない。あらゆるものから不平等な扱いを受けたくないということだ。」

その通りである。つまり、「人は平等でなければならない」という命題は、あくまでも「人は、□□（たとえば、罰や給料）に関して○○（国家や会社）から平等に扱われねばならない」というように「扱う主体○○」が平等に扱うのであって、「人が平等」なのではない。つまり、「人は平等であるべきだ」という命題は、(センが言うような)「何の平等か」という観点と、「誰が平等に扱うのか」という「主体的条件」を措定した場合のみ、意味を持つのである。

主体が異なれば何の平等に重きを置くかという観点も異なるので、その意味でも平等を論じる際の「主体的条件」は不可欠である。通常の主体的条件である「法」を考えてみても、それぞれの国で「何の平等」に重きを置くかは当然のこと異なってくる。また一般社会においても、会社Aはその人の働きに応じた給与を与えるという「能力別給与」に、会社Bは性別・能力に関係なく「一律同額給与」に主眼をおくという具合に異なってくる。「誰(何)が平等に扱うか」という主体的条件によって、異なった平等が生じるということを忘れてはならないのである。

ここで、主体になり得るもの、なり得ないものについて整理、確認しておこう。ここで言う平等の主体とは、能動的主体としての第三者である。つまり、「aとbが平等である」ということは「aとbは平等に扱われる」ということであり、「扱われるもの(a、b)」に対する「扱うものX」の存在を要求する。それゆえ、平等を論じる場合には、扱う主体としてのXが常に措定されなければならない。つまり「Xはaとbを平等に扱う」というような能動的属性を有するXが措定されていなければならない。能動性を有さない単なる包括概念はXになり得ない。たとえば、「家族は構成員を皆平等に扱う」というような用例は不可能である。「家族」は単なる集合体の名称であり、能動的主体となり得ないからである。これに対し、「国家」は集合体の名称であるとともに、権力を持った能動性を有するがゆえに条件Xたりうる。「国家（法）は国民を□□という観点において皆平等に扱う。」

この点は重要なので、兄弟のいる家庭を例にしてさらにしつこく考えてみよう。（観点は「お小遣い」でも何でもよい。）兄と弟が平等であると言えるのは、「親は兄と弟を平等に扱う」という形式においてのみ意味をなす。「兄と弟」を主語に、「平等」を述語にするならば、「兄と弟は親から平等に扱われる」というように「親」という条件が必須となる。同様に「生徒達は皆平等である」と言えるのは、「教師は生徒達を平等に扱う（あるいは、生徒達は教師から平等に扱われる）」という形式においてのみ言えることなのである。つまり、「法」「親」「教師」というような能動的主体を条件に加えてはじめて、「平等」は意味を持つのである。

このように、平等概念を用いた命題が意味を持つのは、「何の平等か」という観点と共に「能動的主体」という条件が措定されている場合に限られる。正義の女神は秤でその釣り合いを量っているが、上述の「能動的主体」とはこの女神に該当するもので、秤の皿に乗せられるものが「何の平等か」という「観点」である。能動的主体X1（Xは法、会社、教師……など）によって片方の皿に「aさんの働き」を乗せ、もう片方に「その働きに見合う給与a′」を乗せ、釣り合いを量る。それをbさん、cさんにも適用していく場合もあれば、また別の主体X2は、片方の皿に「aさんの給与」を、もう片方に「bさんの給与」を乗せ、aさん、bさん、cさん……すべて同額の給与というような釣り合いを量る場合もある。平等について考える場合には、このように秤を持つもの（＝「能動的主体」）と、それに何を乗せるか（＝「何の平等か」という観点）が、予《あらかじ》め決められておかねばならないのである。

5　平等概念の誤用例――夫婦平等

ところが昨今の「平等主義」は、何の平等かという観点を欠落させるばかりか、主体的条件をはずした形で「万人は平等である」と論じられる傾向があり、かなりの暴走が見られるようだ。

たとえば、「夫婦は平等である」とよく言われるが、「夫婦の平等」が意味を持つのは、すでに述べたように、両者を平等に扱うべき「能動的主体」、ならびに「観点」があってはじめて言えることなのである。通常その主体は「法」である場合が多いので、これを省略せずに言うならば、「法は夫婦を平等に扱う」という当たり前のことを意味しているにすぎない。昔のように夫の不貞は許されるが、妻の不貞は許されないというような法の不平等を無くし、「法は夫婦を平等に扱う」という点がポイントである。

ところが、今日における夫婦平等の意味内容は、「仕事や家事の均等分担（共稼ぎ、同等の家事）」「夫婦別姓を認めよ」「夫のことを主人と呼んではならない・妻のことを家内と呼んではならない」などという、あらゆる観点にわたる（むしろ観点を特定しない）無差別的な平等主義に則った主張であるように思われる。「家事・仕事をお互いが同じ時間やっているから私たち夫婦は平等です」などと真剣に言う「平等夫婦」に出会うと、思わず噴き出しそうになる。彼らは同じことを同じ時間やっているという「仕事の平等」を目指し、それが達成されたことで「平等夫婦」が果たされたと主張したいのだろうが、そこには「誰が夫婦を平等に扱うのか」という、秤の担い手である「能動的主体」は措定されないままで、単にあらゆる観点から有様を等しくしようとしているように見受けられる。

夫も妻も同じでなければならないという、見かけ上の「有様」を問題にした平等主義がはびこりだしたのは、すでに述べたような平等概念の誤用に由来する。「夫婦が平等である」という命題が意味を持つのは、「法は夫婦に権利を平等に与える」「舅は夫と妻に財産を平等に分け与える」というような形で、「法」「男」というような「能動的主体」と、「何の平等か」という観点を入れた場合であって、こうした条件無くして「夫婦平等」を唱えたところで、その主張は空虚である。

また、夫婦平等という主張の裏には、「男―支配者、女―被支配者」という支配服従関係から女性を解き放つのだとする考え方があるのは周知のことである。こうした思考構造は夫婦間や男女間においてだけでなく「権力構造における上下関係」においても同様に見ることができる。被支配者を支配者から解放することで、両者の平等性を保つことができるという考えである。

だが、こうした考えは少しばかり短絡的すぎるようだ。たとえば、自分の会社に社員の生殺与奪の権力を有する上司がいたとしよう。彼と自分とは支配・被支配の関係であり、彼の命令に逆らおうものなら一発で解雇される、というような関係であったとする。そこで社内で革命（?）を起こし彼を失脚させたとしよう。だがそうしたことで、解放された自分と彼との間に平等が成立したと言えるだろうか。

すでに述べてきたように、彼と自分が平等と言えるのは、「観点」と「扱うべき主体」を必要とする。したがって、現在の彼と自分の関係は、支配関係から解放された、単に「異なった二人の人間」ということにすぎず、あえて両者に平等関係を適用させようとするのであれば、そこには「法・社長」というような「扱うべき主体」、さらには「権利・肩書き」というような「観点」が必要とされるのである。

かくして、支配服従関係からの解放が即、両者の平等を意味する訳ではなく、単に支配服従関係のない有様の異なった二人が定立されるにすぎないのである。その異なった二人を平等関係で結びつけるとするならば、上述した、「何の平等か」という観点と「誰が平等に扱うのか」という扱うべき主体が必要とされることを押さえておかねばならない。

6 結果平等の問題点(1)—「ジェンダーフリー」と「ポジティブアクション」

周知の如く、国は男女間における結果の平等を推進するため「改正男女雇用機会均等法」や「男女共同参画社会基本法」を施行した。結論から言えば、この二つの法律は「ジェンダーフリー」や「ポジティブアクション」による男女の結果平等を目指すものである。「ジェンダーフリー」とは、一言でいうと「文化的な性差（＝ジェンダー）を無くすこと」である。分かりやすく言えば、「男らしさ、女らしさ」の否定であり、「男言葉、女言葉」「男は泣いてはいけない、女は泣いてもよい」「男は黒いランドセル、女は赤いランドセル」「男は外で戦争ごっこ、女は内でままごと」などといった、男女間における異なる文化の解体を目指すものである。

たしかに、男女の平等を「無差別的平等」と捉え、同じ「有様」にしてしまおうとすれば、文化的性差をすべてなくせという主張に繋がるのは必定である。だが、男女の平等を「比例的平等」と捉えれば、「男は男らしく、女は女らしく」ということこそがまさに「配分の正義」に適った平等と考えることもできるはずである。

また、「ポジティブアクション」は、強権的に「結果平等」という「有様」を目指すものだが、この問題は後述する法律が絡んでいるので少し詳しく説明しておこう。

「ポジティブアクション」とは元々はアメリカで「アファーマティブアクション」(積極的差別是正措置)と呼ばれたもので、少数民族派の人々が抱えるハンディキャップを取りはらうという観点から、一般人(多数派)よりも有利な条件を彼らに与えるというものである。これは、一九六五年のジョンソン大統領による行政命令で始まった。政府と事業契約を結ぶ企業や団体は、人種や宗教・出身国による雇用差別をしてはならず、六八年には性差による差別禁止も加わった。具体的にはいわゆる社会的弱者や少数民族派は、その歴史性から見て足枷《あしかせ》を付けられているのと同じだから、就労・就学の際、その人達のハンディを取り除くべく、一般人(多数派)よりも有利な条件を与えるというのである。つまり、機会の平等ではなく、結果の平等に重点を置くという政策である。

たとえば、ある大学の定員が五〇〇名であった場合、五〇〇名中四五〇名が白人で、黒人は五〇名しか入学できなかったとする。その国の白人と黒人の人口比が、四対一であったとすれば、黒人の入学者は人口比率よりも五〇人少ないことになる。そこで、白人と黒人の入学者比率を人口比に合わせるため（これをクォーター制という）、黒人を白人よりも低い点数で合格させるというものである。

当然のこと、この政策によってボーダーライン上ではより高得点の白人が不合格となり、低い点数の黒人が合格するという逆転現象、いわゆる逆差別が生じる。つまり、結果の平等を行えば、また別の不平等が生じ、結果の平等と機会の平等は決して両立するものでないことは明らかである。いずれに重きを置くかは、「主体的条件」である国が最終的に判断し実行するのだが、別の不平等を生じさせてまで員数あわせの「結果の平等」を果たさねばならない理由を説明する義務が国には生じてくるだろう。たまたま多数派である白人に生まれたがゆえに、あえて不平等を甘受しなければならない理由は何なのか、「平等の主体」となる国はその説明責任を負うのである。（註1）

註1 実際アメリカでは、アファーマティブアクションから生じる別の不平等に関して、訴訟が起きている。有名なものとしては、一九七八年カリフォルニア州立大学医学部を不合格になった白人

学生バッキーによる訴えである。通称「バッキー事件」と呼ばれる。パウエル判事は人種割当制は違憲であるとして彼の入学を認める一方でアファーマティブアクションそのものの違憲性は否定した。だが、少数民族派や女性が自分の高度な能力で実際に入学試験や入社試験に合格したとしても、それはアファーマティブアクションのおかげだとする妬みが一部で生じてきたり、そうした妬みに嫌気がさして、自分たちはそんな政策がなくても合格できる、有り難迷惑だというような反発も生じてきたため、一九九六年カリフォルニア州ではアファーマティブアクションが廃止された。

7 結果平等の問題点(2)――「改正男女雇用機会均等法」と「男女共同参画社会基本法」

すでにこうした問題を経験したアメリカでは、その見直しを求める声が高まってきているのだが、アメリカの猿まね好きなここ日本では、その弊害を実際に体験してみないと分からないのであろうか、このポジティブアクション施行にのりだした。

たとえば、「改正男女雇用機会均等法」(平成一一年)には男女雇用機会均等法の強化策として、「ポジティブアクション」に関する内容が次のように盛り込まれている。

「第九条(女性労働者に係る措置に関する特例)――第五条から前条までの規定は、事業主が、雇用の分野における男女の均等な機会及び待遇の確保の支障となっている事情を改善

することを目的として女性労働者に関して行う措置を講ずることを妨げるものではない。」（傍点筆者、以下同）

ちなみに、第五条から第八条までは、「募集及び採用」、「配置、昇進及び教育訓練」、「福利厚生」、「定年、退職及び解雇」において「女性に対して男性と均等な機会を与えなければならない」または「労働者が女性であることを理由として、男性と差別的取扱いをしてはならない」と規定されている。

前節で見たとおり「結果の平等」を目的とするポジティブアクションと「機会の均等」とは相反するものであることは明らかなのだが、第九条によると女性労働者優遇措置（ポジティブアクション）は機会均等に抵触しないのだそうである。公務員採用試験に関する不祥事から、合否過程がガラス張りになりつつあるのはよいことだが、もし、より高得点の男性受験者が落とされて点数の低い女性受験者が合格した場合、彼が米国での裁判同様、「法の下での平等」をうたう日本国憲法第一四条[註2]に違反しているとして裁判を起こしたとしたら、どういった判決が下されるだろうか。

また、「男女共同参画社会基本法」でもポジティブアクションは強硬に主張されている。「男女共同参画社会」という名称は、「万人平等」と同じような心地よい響きを人々に与えるが、その内実は徹頭徹尾、「男女の結果平等」を目指したものである。同法第二条をみてみよう。
「第二条（一）男女共同参画社会の形成――男女が、社会の対等な構成員として、自らの意思によって社会のあらゆる分野における活動に参画する機会が確保され、もって男女が均等に政治的、経済的、社会的及び文化的利益を享受することができ、かつ、共に責任を担うべき社会を形成することをいう。」

ここで問題にされていることは、男女の社会参画の「機会均等」ではなく、男女が「対等な構成員」として「参画する機会」が確保され、男女が「均等に政治的、経済的、社会的及び文化的利益を享受すること」である。この「均等な利益享受」とは「結果の平等」に他ならない。さらに次のように続く。

「第二条（二）積極的改善措置――前号に規定する機会に係る男女間の格差を改善するため必要な範囲内において、男女のいずれか一方に対し、当該機会を積極的に提供することをいう。」

「積極的改善措置」とは言うまでもなくポジティブアクションのことであり、「機会を均等に与えよ」ではなく、結果を均等にするため「機会を積極的に与えよ」と法律上、明文化されたのである。

続く第四条では「社会における制度又は慣行についての配慮」として次のように述べら

れている。

「第四条　男女共同参画社会の形成に当たっては、社会における制度又は慣行が、性別による固定的な役割分担等を反映して、男女の社会における活動の選択に対して中立でない影響を及ぼすことにより、男女共同参画社会の形成を阻害する要因となるおそれがあることにかんがみ、社会における制度又は慣行が男女の社会における活動の選択に対して及ぼす影響をできる限り中立なものとするように配慮されなければならない。」

この内容が「ジェンダーフリー」（加えて「夫婦別姓推進」(註3)）を意味することに疑いの余地はなかろう。しかもこうした「ジェンダーフリー」「ポジティブアクション」を含む男女共同参画社会の総合的かつ計画的な推進を図るため、政府は基本的な計画を進めなければならないし、この法律を国民に浸透させるため、都道府県や地方公共団体は広報活動を通じて適切な措置を講じなければならない（第一四条、一五条、一六条、筆者要約）と規定されている。

恐るべきかな。いつから日本は「機会均等」の自由主義国家から、「結果平等」の共産主義国家への仲間入りをはたしたのか。国家あげてのプロジェクトであれば、恐らくここ数年の内にポジティブアクションによって公務員の女性採用（看護師や小学校教諭の場合は男性採用になるかもしれない）が増えていき、公務員の男女比が一対一になりえよう。そしてそれが民間にも広がり「結果平等」が成立したとして、そうした「員数あわせの平等」がそんなにすばらしい社会を形成すると言えるのだろうか。

平等を論じる際様々な「変数(観点)」があることはすでに述べた通りだが、同じ「結果平等」を考える場合でも、「男女比」という結果平等以外に、「家族」を単位とした結果平等を想定することもできるのだ。以下に示してみよう。

今日のような不況の中、リストラされる可能性の少ない公務員への羨望は強い。夫婦が共に公務員として働いている家庭には安定した富が二倍集中することになる。公務員の給料が税金でまかなわれている以上、安定した収入は夫婦いずれか一方にあればよいという観点から、夫婦のどちらかを退職させ、その分を母子家庭の女性や失業中の家庭の夫婦いずれかを採用するというような方向へと広げていく。夫婦が共に公務員である事を禁止することによって、富の配分を「家族単位」で広げていくというような、いわゆる、「家族を単位とした結果平等」を考えることも可能なのである。

その結果、公務員として採用された社会的弱者への福祉年金は不要となり、福祉関係費の削減にもつながるだろうし、その影響は、その家庭の子供達にまで及ぶだろう。経済的安定をより多くの家庭にもたらすことは、その子供達の生活環境においてもプラスに作用する。同じ「結果平等」を主張するにしても、「男女比を等しくするという員数あわせの平等」と「税金でまかなわれる公務員の給与は、一部の家庭に集中させるのではなくより多くの家庭に分配すべき」という主張のいずれが子供達をも含む国民のためになるだろうか？

まっとうな社会を目指すためにどうしても「結果平等」を論じたいのであれば、「男女間の結果平等」という観点からだけではなく、それを相対化させた形で、別の観点からの「結果平等」を考えてみることも必要なのである。それでもなお、「男女の結果平等」を主張したいのであれば、そこから生じる別の不平等は何か、そうした不平等を容認してまで「男女の結果平等」を推進しなければならない根拠は何なのかということを、誰もが納得いくように説明する必要が政府にはあるのではないだろうか。平等社会を「結果平等」という観点から論じるにしても、「男女平等」以外の様々な「観点」を変数として持つ事を忘れてはならないのである。

註2 日本国憲法第一四条―すべて国民は、法の下に平等であつて、人種、信条、性別、社会的身分又は門地により、政治的、経済的又は社会的関係において、差別されない。

註3 夫婦別姓問題は、拙稿「三酔人フェミニズム問答」（細川亮一編著『幸福の薬を飲みますか？』第六章、ナカニシヤ出版）ですでに論じたのでここでは割愛するが、フェミニズム主導のこうし

た問題点については、林道義『フェミニズムの害毒』（草思社）、『家族破壊』（徳間書店）、八木秀次『反「人権」宣言』（ちくま新書）、宮崎哲弥・八木秀次編著『夫婦別姓大論破』（洋泉社）、篠原偲『専業主婦のススメ』（晃洋書房）などでも詳しく論じられているので、そちらも是非一読されたし。

8 「為政者」の正義と「庶民」の正義

平等概念は、その源流において二義性を有し、決して結果平等・一律平等という「無差別の平等」ばかりを意味している訳ではない。むしろプラトンが語っていたように（五三～五五頁参照）その人の分に応じた「比例的平等」こそが重要である場合も多い。平等を論じる際、観点に応じていずれの平等概念を適用するかということが、最重要課題となってくるのであり、それを決めるのは「能動的主体」である。こうした意味からも、平等を論じる場合は、「何の平等か」という観点だけでなく、「誰が平等に扱うか」という観点も忘れてはならない。二人の子供に捧げる親の愛は等しい（無差別的平等）が、親が「異なる能力」の兄弟に勉強を教える場合、「能力に応じた課題」を与えてこそ（比例的平等）はじめて、成果が期待できるだろう。

ただ、国民全体に対して平等概念を適用させる場合、それはすべて「法」という社会制度を通し国がこれを行う。したがって、昨今行われている平等主義的主張もすべて社会制度上の議論となる訳である。とすれば、こうした「平等」はあくまでも政治を司るべき為政者（政治家や役人）が論じ考えるべき平等なのではないか？

このような社会制度上の問題として語られる「平等」としての正義概念について考えれば考えるほど、如何に我々庶民が一般に有する正義概念から隔たりをもっているかが、自ずと明らかになる。たしかにアリストテレスが言ったように、倫理学を政治学の一種と見るならば（第一章「5」参照）、平等を主軸とするようなこうした正義概念はつまるところ、「為政者」の考えるべき社会制度論でしかない。とすればこうした社会制度を論じることも必要だが、我々庶民が考えねばならないことは、こうした為政者の視点から語られる「社会制度上の正義」ではなく、むしろ自分が主体となったとき、他の人々をどのように平等に扱うかというような、「個人の正義」ではないだろうか。

まっとうな社会を造るには、為政者が国民全体の幸福を願い、これを実現するために、どの観点に応じ、いずれの平等（比例的平等と無差別的平等）を適用させるか、その都度決めていかねばならない。だが、そうした法制度の整備だけでは不充分である。なぜなら、すでに述べたように、ある観点にもとづく平等は別の不平等を生じさせ、その意味で、あらゆる観点から万人が平等であることを保証するような完璧な制度など決してあり得ないからである。よしんば制度が完璧に近いものであったとしても、そこには物欲にまみれた「生きた人間」が蠢《うごめ》いていることを忘れてはならない。

女子中学生がジェンダーフリーを根拠に、「あぁ、クソしたい」「フザケンじゃねーぞ」「ブッ殺すぞぉ」等々、男顔負けの言葉を平気で使う世の中になったとして、それが男女平等を実現したまっとうな社会と言い得るだろうか？　また、貧富の差を縮めるため、困窮者にお金を配るという平等政策が行われたとして、「下手に働いて受給が止まるよりも働かずに国から金をもらった方がましだ」と受給者が考えるようになったとしたら、このような形での平等社会が、正義を実現した「まっとうな善き社会」であると誰が言えるだろう。

我々庶民が考えねばならないことは、法制度を云々する以前に、日常の行為において如何に自分がまっとうになるか、という事ではないのか。世間を見れば、政治家や役人ばかりか倫理学者までもが、そうした「制度上の正義」ばかりを問題にしているようだが、「如何に善き社会を造るか」という命題は、そうした社会制度上の正義論にとどまることなく、社会を構成する各人の「道徳的な正義」にも目を向けてはじめて、実現可能と言えるのではないだろうか。

たしかに、まっとうな社会を造るには、為政者がそれなりの正義観を持ち得ることは重要である。だが、社会を構成する人間一人一人が「まっとう」にならなければ、社会制度をいくら整えても「仏作って魂入れず」ということになろう。制度を論じるばかりの正義論ではなく、各人が持つべき「正義とは何か」がそれ以上に問われることによってはじめてまっとうな社会が出来るのである。

我々がまず考えねばならないことは、社会制度を論じる「為政者の正義」についてではなく、「俺（己）の正義」についてである。己の生き方として「正義」を捉えた場合、社会制度を論じる「平等性」としての正義概念など、本当はたいした意味を持ち得ない。

我々庶民にとってこうした平等的な正義が問題になるのは、せいぜい自分自身が不平等な扱いを受けたとき生じる「怒り」、そこから生じる不平等という「悪」への批判感情が芽生えた時くらいである。

そこで次のように、問われねばならない。人は「自分が平等に扱われることを正しい」と信じ、平等に扱わない相手を悪として批判しようとするが、こうした悪への批判は正義と呼べるのか？

こうした我々個々人の正義のあり方について、次章以降、論じてゆくが、最後にもう一度、平等を論じる場合に押さえておかねばならない点について確認しておこう。

①平等には「比例的平等」と「無差別的平等」の二つの意味がある。

②異なる人々を平等《イコール》で繋ごうというわけだから、それには「何の平等か」という「観点」と、「誰がそれを平等に扱うか」という「主体」を規定しなければならない。

③ある観点にもとづく平等は他の観点にもとづく不平等を結果する。したがって、いかなる観点をもってしてもそこからすべての平等を矛盾なく語ることは不可能である。

④一つの観点から平等を捉えたにしても、さらに新たな条件が想定される。たとえば、「結果の平等」という観点から平等を論じるにしても、そこに「男女」あるいは「家族」というような異なった条件を入れることで異なった平等が生じる。

⑤社会制度上、どういう観点の下にいかなる平等概念を用いるかを決めるのは、主に「為政者」のすべき事である。ただ、③から平等の相対性が明らかとなり、絶対的な平等を想定することは不可能であることがわかる。したがって、まっとうな社会を造るには平等社会という制度（社会的正義）にのみ依存するのではなく、各自がまっとうな人間になるという視点（個人的正義）を欠いてはならない。

第三章

庶民の正義

*『法学』(出典：前出『Allegorien und Embleme』)

1　正義理論

前章では、平等を主題とする正義（為政者の正義）について述べたが、本章以降は我々「庶民の正義」について考えてみたいと思う。まずはじめに正義理論についての概略を記しておこう。

正義理論はおよそ以下のような形で分類されている。（前出CD-ROM版『世界大百科事典』参照）

a.「行為レベルの正義論」――ある行為（たとえば、あえて毒杯を飲んだソクラテスの行為）が正しいかどうかを論じるもの。

b.「制度レベルの正義論」――ある制度（たとえば、奴隷制）が正しいかどうかを論じるもの。

c.「基準レベルの正義論」――ある行為やある制度の「正しさ」を語る場合、その正しさを判定する際の客観的基準は存するか否かを論じるもの。

ａとｂは「規範的正義論」に、ｃは「メタ正義論」に分類されるが、両者は相互に依存しあう。ｃの「基準レベルの正義論」において、「客観説」の立場は、一般に自然又は神に与えられたとされる「自然法」を正しさの客観的基準として規定する。これに対し、客観的基準は存しないとする「主観説」に立つ側は「価値相対主義」を主張する。

第二章でも見たように「平等」を掲げる正義論は、主にｂの「制度レベルの正義論」に属し、その意味で「為政者の正義」であった。だが、本書で中心的に論じようとする「正義」は、我々個々人の「ある行為は正しいか、その基準は何か」という問題であり、主としてａとｃに関わるものである。

行為の正邪を判断する基準を求めようとする、いわゆる基準レベルの「メタ正義論」を扱う場合、そうした基準は各自の「主観」に依存するのだから自分の基準と他人の基準は違って当たり前だという「価値相対主義」を採ることも、もちろん可能である。ポストモダンの余熱さめやらぬ今日、こうした考えを採る人も多いことだろう。だが、「価値相対主義」も「絶対主義」だけは絶対認めないという「絶対性」を有している。さらに、相対化が対他関係においてではなく、己の中で起きたらどうなるだろう。

ある行為を行うことを正しいとする基準と、正しくないとする基準とが、同等の権利を持って己の中で主張された場合、どちらが正しいと言えるのか。たとえば、大恩ある友人の留年のかかった最後の定期試験で、（誰にも迷惑をかけるわけではないので）彼を助けるため答えをあえて教えてやることが正しいのか、それとも彼を留年させる結果になろうともそうしたカンニングをしない（させない）ことが正しいのか？　価値相対主義者でも己がいずれかの行為を選択せねばならない以上、いずれかの選択の正当性を己自身の根拠にもとづいて主張せねばならないことになる。

こうした点を考えると、正義を論じようとする場合には、たとえ相対主義にもとづくものであったとしても、何らかの客観的基準（＝原理）が問題にされねばならない。では、我々庶民が一般的に考える正義の基準とは一体どのようなものなのだろう。

2　懲悪型正義

序章でもふれたように、通常我々が有する「正義」は「懲悪型」の正義である場合が多い。これは「不義不正」といった悪行を憎み懲らしめる類のものである。水戸黄門や必殺仕置人というようなドラマの中で、正義の味方が極悪人を成敗していく姿に胸のすく思いを抱くのは、我々にこうした正義の心情が宿っているからである。現実社会で、不正をなした代議士や政府高官の逮捕劇に喝采を送るのも同じことだろう。

そこでまず、どのような形で我々の「正義」が形成されているのか、その過程と種類を見てみよう。正義の基本型と考えられる「懲悪型」の正義は、まずは本能的な好悪の情によって規定されている。人は誰でも、自分が騙されたり、殴られたり、殺されたりするのは「嫌」であり、許せない。こうした嫌悪感から、そうした行為に対する正義の怒り(私憤)が生じてくる。さらに、自分がされて嫌なことは他の人だって同じはずだという観点から、自分に直接の危害が及ばなくても他者に平気で危害を与えるような輩に対して、私的感情を越えた、これまた正義の怒り(義憤)を生じさす。

つまり、人々の嫌がるようなことは悪であり、この「悪」を懲らしめるための怒り・批判が「正義」とされるのである。ワイドショー番組に出てくるコメンテーター達が犯罪者を口汚くののしり、それに視聴者が相槌を打つというお茶の間の正義は、こうした「悪を許さない」という正義感がもとになっている。すなわち、「悪に対する怒り・批判=正義」という形式である。大多数のメディアやこれに先導された大衆は、このようなレベルの正義で動いていることが多いようである。

だが悲しいかな、悪を批判するだけのその程度の正義であったら、ヒットラーのような極悪人でさえ有する「ありふれた正義」でしかないだろう。

3 勧善型正義

もうちょっとましな人は、悪を批判しただけでは意味がない（まだ正義とは言えぬ）、むしろ、そうした悪のない社会を造ることが正義であると考える。ここでは、単なる「悪への批判」（懲悪）を正義と捉えるのではなく、さらに踏み込んで「善き社会を造ること」（勧善）を正義と捉える。そうした社会を造ることを正義の実現とした場合、ここで新たに、どういう手段でそれを行うかという「手段の対立」の問題が生じてくる。この手段の対立は往々にして、「正義の対立」という、より大きな次元の問題へと発展していく場合が多い。

たとえば、「祖国をより善い社会にしていこう」とする「勧善型」の正義を考えた場合、国体（国家体制）を保持しつつ変えようとするか、それとも一旦すべて破壊して変えようとするか、目的は同じでもその過程において相反する手段を考えることができる。その場合、どちらの道を選ぶかは、単に個人的な好悪の情ではなく、どちらの道を信じるかという「信念」の問題へと還元される。「平和国家」を築くためには武装をして当然だという考え方がある一方で、平和国家を目指せばこそ武装は不要だという考え方もある。長らく保守・革新間で争われた問題である。たとえ目的が同じであっても、手段が相反するものであるかぎり、両者は自説の正当性を己の正義と信じて疑わない。

第二章で述べたように、「機会均等」を原則とする自由社会か、それとも「結果平等」であるところのいわゆる共産社会を目指すかという両者の対立も、「善き社会」を目指すという目的は同じながら、その手段において対立しているのである。

ここにおいて、己の正義を実現しようとする「勧善型」正義は異なる手段を悪とみなし、それに天誅や鉄槌を加えようとする「懲悪型」正義を内包する。保革政党間の対立のみならず、イデオロギー内における内ゲバ、また社内での派閥間対立など枚挙に遑《いとま》がない。つまり、先の「懲悪型」正義よりもうちょっとましであったはずの「勧善型」正義も、つまるところ「己の信じる善を勧めるためには対立するもの（＝悪）を懲らしめねばならぬ」という自己中心的な懲悪型正義を内包し、己の手段を正しいと信じる「正義」同士の争いという構図に陥ってしまうのである。

「俺の方がおまえらよりも絶対に正しい」というように、己の正義の絶対性を確信した経験は誰もが有するであろうし、その相手もまた「何をぬかすか、おまえの方こそ間違っている、我こそが絶対正しい」と主張し、ここに双方が正義を主張し相手を攻撃するという「正義の争い」が生じてくる。実はこの「懲悪型」正義を内包する「勧善型」正義ほど始末に負えないものはない。なぜなら、そこには「自分の考えこそが正しい、我こそ真の正義である」という絶対的信念が有されているからである。

だが、己の正義を信じるあまりその批判の矛先が他者ばかりに向かうというのであれば、その人の正義は異なる正義への批判に終始してしまい、せっかくの「勧善型」正義も異なる手段を有する者への批判、懲悪へと変わって、その正義は勧善と懲悪を循環するだけの閉じた世界に留まり続けることになる。

以上の点から明らかになることは、序章でも示したように、「争い」というものは何もエゴや我欲によってのみ生じるのではなく、時として、人間にこうした「勧善・懲悪型」の正義があるがゆえに生じるということである。

4　善・悪の見方(1)――黄金律と他者危害則の問題点

誰もが有するこうした「勧善・懲悪型」正義は、何を善と見なし、何を悪と見なすかという個々人の価値観に左右されることは間違いない。

たとえば、水戸黄門では助さん・格さんが悪代官とその家来達をなで斬りにする。それを見た我々は「勧善・懲悪型」正義を実現した時の満足感に浸れるが、別の視点を入れてみると異なったものが見えてくる。たとえ悪代官の家来とはいえ、主命により立ち向かわざるを得ないその家来達を斬り殺した場合、殺された家来達の遺族は助さん・格さんを親の敵とするであろう。助さん・格さんが悪代官とその家来を斬ることが正義とするなら、少なくとも殺された家来の遺族は、助さん・格さんを親の敵として討ち取ることが正義となる。つまり、「勧善・懲悪型」正義は、何を善と認め、何を悪と規定するかによって、その具体的内実が異なってきてしまうのである。

そこで、社会における一般的な善・悪とはどういうものかを次に見てみよう。そのためにはまず善・悪を判断する際の基準が論じられねばならないが、そこで大きな地位を占めるのが「他者危害則」と「黄金律」である。

「他者危害則」とは、一言でいえば、「他人への危害」を取り扱う倫理原則である。これは簡単に言うと、「自由な行為が許されるのは、他人に危害を与えない場合のみである」という原則で、「他人に危害を与えないかぎり、自分で決めた自由な行為が許される」というような「自己決定権」として示される事が多い。よく知られているようにこれは、J・S・ミルの『自由論』に依拠しているのであるが、ここで押さえておかねばならないことは、一つは国家（社会）との関係で、「社会が個人の自由を制限するのは、彼の行為が他者危害則に抵触する恐れがある場合でなければならない」という点である。第二には、

ここで言われる行為者は、「責任能力を有する人間」に限られるという点である。(註1)

もう一方の「黄金律」とは、「己の欲せざるところ、人に為すなかれ」(孔子)や「汝が人からしてほしいと望むことを他人にもせよ」(イエス)が意味するようなものである。「他者危害則」や「黄金律」という倫理原則が善悪判定の際、大きな地位を占めるのは誰もが認めるところであろうが、個々人が有する善悪の判断基準はこれだけで済むような単純なものではない。黄金律や他者危害則には「脆《もろ》さ」が潜んでいるからである。たとえば、「自分は殺されることは嫌だ、それゆえ、人を殺すなどとんでもないことだ」と多くの人々は言う。その分、善良な市民やいたいけな子供を殺した犯人に対する人々の怒りは大きくなる。その結果どうなるか。人々は犯人の処刑を望むような考えを持つに至る。つまり殺人を「憎むべきこと」「犯してはいけないこと」とする「他者危害則・黄金律」の原則が犯人処刑という殺人を称賛する「正義」に変わるのである。これが黄金律や他者危害則を善の基準とした時の脆さである。「私は殺されたくない。ゆえに、私も人を殺さない」という黄金律の論理が(言うまでもなくこの命題は同時に他者危害則も含んでいる)、「私は殺されたくない。ゆえに、人や自分を殺すような奴は殺さねばならぬ」という「懲悪の論理」にたやすく転化してしまうのである。

ここで確認すべきは、黄金律や他者危害則は決して絶対的なものではなく、こうした

「脆さ」を含んだ倫理原則であるという点、さらに「懲悪の論理」は正義という大義名分を有するかぎり黄金律や他者危害則よりも優位を占め易いという二点である。

註1 J・S・ミル『自由論』塩尻公明・木村健康訳、岩波文庫、一一四、一五二、一五八、一八九頁他参照。なお他者危害則の問題点については終章「2」でも論じる。

5 善・悪の見方(2)――動機説と結果説、自律と他律

善・悪について考える場合、次に問題となるのが大きく分けて「動機説」と「結果説」と言われるものである。

「動機説」とは、善悪の判断に際して、行為の「結果」よりも行為の「動機」を中心に考える立場であり、簡単に言えば、その行為に「下心」はあるのかないのか、そうした動機を問うものである。つまり、行為に際しての意志の純粋性を問うという観点である。他方、結果説とは行為の「結果」(註2)に重きをおくもので、意図や動機よりも「結果よければすべてよし」というものである。

私事で恐縮だが、大学で「倫理学」の講義を行う最初の時間、私は学生達に「善いこと

とは何か」について書かせることにしている。その際、「電車の席譲りやボランティア位であれば、小学生でも書くことが出来るぞ。小学生と君たち大学生がどれほど違うかを楽しみにしている」と一言いうだけで、学生は気合いが入ってくる。次の時間にコメントする際、学生達の意見を「小学生・中学生・高校生・大学生」のレベルにそれぞれ分けて説明する。

上記のように言った甲斐あってか、「席譲り」「ボランティア」のような具体的な行為だけを書く学生は少ない。なぜそのような具体的な形で記すことは小学生レベルなのか？それは、小学生でも書けるというだけでなく、抽象（捨象）作用というものがないからである。「善いこととは何か」という問いはその原理を尋ねているのであって、個々の具体的な行為を尋ねているのではない。その点を意識しておかないと、一つの示された具体的行為を善と確信するという愚を犯してしまう。それは、目に見える行為のみに目が行き、その行為の前提となる動機（意志）の問題を忘れるからである。

「なぜボランティアを善と言ってはいけないのか」と納得いかぬ学生は問うてくる。答は簡単である。下心があるボランティアは、「善」とは言わず「偽善」と言うからである。「人様の役に立つのだから善と言ってもよいではないか」というしつこい反論もたまにあるが、少なくとも下心を持ったボランティアと真心のボランティア、いずれがよりまっとうな善と言えるかと問えば、答えは明白である。下心有りのボランティアを善と呼びたければ呼んでかまわぬが、それは目に見える行為だけを目にし、もっと奥にあるものを見ようとしない、小学生でさえ答えることのできる程度の「善」にすぎないのだ。その意味で、結果説だけでなく動機説をも念頭に置かないと、「善」も「偽善」も同じことになってしまう。

中学生レベルでは、事態に対する抽象化がいくらか可能となり、「人に迷惑をかけないこと」「人から喜ばれること」という形での、いわゆる他者危害則や黄金律レベルの答である。だが、こうした答えも原理的なものに到達したとは言えず、まだまだ反論可能である。前節で示した他者危害則や黄金律の「脆さ」の他にも、人に迷惑をかけなければ何をやっても善と言えるのか？　定期試験の際、勉強していない友人に答えを教えてやるとその友人は喜ぶが、それが善と言えるのか？　このような反論を考えれば、まだまだ上のレベルがありそうである。

高校生レベルになると、行為だけの問題ではなく自分や相手の「心のあり方」を考えるようになる。「心から相手のことを思いやって行う行為」。これくらいになると、行為者の意志の純粋性や相手にとって何が本当に必要かという点まで考慮した解答となる。だが、まだまだ、次のような反論が可能である。

あなたに恋人がいたとして、彼はものすごく優しく思いやりのある人だったとしよう。彼は電車の席譲りも下心無く行うし、相手にとって今何が必要かをとことん考えて行動する「人格者」である。彼を尊敬するあなたはある時、「なぜあなたはそんなにやさしいの」と彼に尋ねた。「人格者」であるはずの彼の口から出てきた答えはこうであった。「だってボクのママがそういうふうに行動しなさいと言ってたもん！」

それを聞いてあなたはどう感じるだろうか？　恐らく百年の恋もいっぺんに冷めるのではなかろうか。それはなぜか？　それは彼の行動が己から出たものではなく他者（母親）に支配されたものだからである。他者の言動や教えをそのまま自分のものとすることは、自らを単なる操り人形や調教された動物へと貶めるにすぎず、そこに「主体性」や「自律性」といったものは見出せない。したがって、たとえ「下心なしに心から相手のことを思いやって行為した」にせよ、それが他者によって規定されたものであれば、善とは言い難い。宗教団体にどっぷり浸かっている人々にはものすごく道徳的に見える側面もあるが、単にその教義によって操られているにすぎない場合があるのと同様である。

そこで、こうした「自律性」（註3）の指摘ができることを、もう一段高い大学生レベルとして位置付けているのだが、学生達には「自律性」から生じる次の問題を示唆するため、さらに次のように言うようにしている。

「善を語る場合、自律性まで指摘できればかなりのレベルと言えるかもしれないが、まだまだ反論は可能である。今までの要素をすべて含んだ形で善を考えた場合、自律的に考えた君の善と同じく自律的に考えられた他者の善が相容れないものであった場合（「7」で示すような「生」と「死」いずれに価値をおくかというような問題）、どちらの善が正しいと言えるのだ？　この問いに答えることの出来る原理を自分の頭で考えて欲しい」と。（ちなみに、本書の目的はこの道徳的原理を明らかにして、それを有しておれば、いずれの立場に立とうともそこに正義は成立するということを示すことである。）

このように、勧善・懲悪型の正義を規定するため、善悪の基準を原理的に問おうとする時には、「行為」という「結果」にのみ目を向けるのではなく、行為の根拠となる「動機」や「意志」、「自律性」、さらには自律命題による「二律背反《アンチノミー》」などの問題にも目を向ける必要があるということである。

註2　「動機説」の場合これがあまりに極端化すると、動機さえ正しければ目的や結果の如何は問わず、時として「目的は手段を正当化する」といった論理にも繋がっていくことにもなる。たとえば、どうしても子供のできない不妊夫婦に子供を授けたいという純粋な動機からクローン人間を造ろうとする試みは、まさにこれに当てはまるだろう。こうした問題については拙稿「クローン

技術と生殖医療の是非を問う」（篠原駿一郎・波多江忠彦編『生と死の倫理学』第一章、ナカニシヤ出版）で扱っているので、そちらを参照していただければ有り難い。また、「結果説」の場合、意図や動機を全く無視するものとそうでないものとに分類できるが、本章ではさしあたり「動機説」「結果説」二つの区別で十分である。

註3 誤解されては困るので断っておくが、ここで重要なのは「自立」ではなく「自律」である。「自立」はフェミニズムが女の自立を語る際よく用いる表現で、自ら銭をかせいで夫から養われるな、いつでも離婚できるようにしておけ、などと言う場合の「経済的」自立のことである。それに対し、「自律」とはさしあたり己の意志を自らが決めるという「精神的」なものである。もっと正確に言えば、欲望や本能などといったものから切り離された意志の純粋性を言うが、その点については後述（第四章、終章）する。ちなみに「自律」に関して詳しいことを知りたい方はカントの『人倫の形而上学の基礎づけ』や『実践理性批判』を読まれるとよい。そこでは意志の純粋性のみならず、「自己立法」という自律概念も明らかにされる。

6 正義の相対性

周知の通り、戦前の大日本帝国憲法は神聖にして侵すべからざる「正義の法」そのものであった。ところが敗戦によりこの憲法は一転、「不義の法」となり、それに代わって日本国憲法が不可侵の「正義の法」となった。冷戦当時、日本国憲法を遵守することこそが正義とされ、もし大臣が「か」の字（改憲）を口にしようものなら野党から総批判の声があがり、多くのマスコミもそれに追随、蜂の巣をつつくが如き騒ぎとなり、確実に大臣の首は飛ぶ結果となった。さらに、「有事立法」を匂わすようなことなど言おうものなら、すぐさま平和を脅かす「戦犯」扱いされ、実際それが原因で当時の来栖統幕議長の首は飛んだのである。(註4) ところが、東西冷戦の終結により社会主義陣営が没落するにつれ、「護憲」よりも改憲」へと世論の正義は移りつつ有事立法すら法制化される方向に進みつつあるようだ。まさに隔世の感である。

これらのことからも、「正義」は時代状況によって移り変わることが窺い知れる。与党が議会の過半数を占めたとしてもマスコミリードの世論という力を味方に付けないかぎり、力による正義は実現できない。このことは逆に言えば、世論という力を手に入れさえすれば、それは「正義」たり得るということである。だがこのような正義は、今後も時とともに変化する極めて相対的なものである。

また同時代においても、正義の相対化は避けられないものとしてである。すでに見たように、己の正義を確信することによって、己の正義と対立する他者を、たたきつぶすべき不義不正の輩と見る場合は多い。こうした「正義の衝突」によって争いは生じるのだから、そうした争いを避けるために「正義というものは様々あってよいわけだから、独善的・独断的正義を避けることが必要であり、むしろ他者の考えも正義として認める寛容的態度が重要なのだ」と、心優しい価値相対主義者による主張がなされることがある。しかし、こうした考えは愚かである。なぜなら、他者の正義を認めることは即、自己の正義を否定する結果を引き起こす場合が多いからである。

たとえば、死刑制度存置を正義と信じる場合、当然のことながら廃止派とは対立し、相手を認めることは自説の否定につながる。また、あらゆる正義を認めるという価値相対主義でも、絶対主義を絶対に許さないという最後の一線は譲れないことだろう。正義とは、あるものを善と判断し、そうした判断の正しさを確信する信念以外の何物でもなく、決して曲げることのできないもののはずである。したがって、寛容的な正義などそもそも正義ではないということになる。こうした意味で、正義とは己が信念を前提としたものとなり、それは同時に、異なる正義に対する批判・怒り・不寛容を伴うのである。

ならば、相対化した「正義」の中で、自分が信じる正義が「絶対的に正しい」かどうかはどうやって、誰が判断するのか？　否、そもそも普遍の「絶対的正義」なるものは存するのか？

註4　来栖統幕議長は、昭和五一年九月のミグ25亡命事件を教訓に、「(赤信号では自衛隊車両も停止

せねばならないというような）現行法のままでは、有事の際、自衛隊は超法規的に行動せざるを得ないので、法整備をきちんとしろ」という（今日では誰もが認めるであろう至極まっとうな）趣旨の発言をしたところ、マスコミは「有事立法化」と騒ぎ立て、シビリアンコントロールの名の下、当時の金丸防衛庁長官から解任された。これが、昭和五三年当時の「正しい」とされた世論である。

7 絶対的正義はあるのか——正義の二律背反《アンチノミー》

己の正義を相手よりも、正しいと見なしたり、絶対的正義と信じ込むことはよくあるが、では「真の正義」いわゆる「絶対的正義」というものは本当にあるのだろうか？　むろん己の正義を絶対であると「信じる」ことは可能であり、そのために命を賭した人も多い。

たとえば、「日本陸軍」という軍歌の中に「天に代りて不義を討つ」という歌詞がある。言うまでもなく、日本が「正義」、「不義」は敵国を意味する。軍人達はそう信じこまされたか、あるいは自発的に信じつつ己《おの》が命を戦場にて散華させた。だが、敗戦によってその「絶対」であったはずの「正義」はどうなったか？　「不義」へと逆転してしまったではないか。

むろん、もともと日本の正義は誤りで、連合国の側に正義はあったと言いたいわけではない。絶対的正義と信じ、命をかけてまで守り通したものが、一夜にして不義へと転じてしまった史実を示したかったのである。このことはとりもなおさず、絶対的正義が存在することへの疑問符に他ならない。

さらに身近な例で考えてみよう。今度は、善を為そうと考えるが二つの道があり、両者が二律背反《アンチノミー》を生ずる場合である。大学生レベルに達している人はどちらを正義と判断するか？　その場合の根拠は何によるのか？　さらに、その正義は絶対的と言えるのか？　言えるとするなら、同じくその根拠は何なのか？　以上の問いを己の自律的能力を用いてちょっと考えて欲しい。

A．生と死の相反する結果を生み出す場合、どちらが善にもとづく正しい行為と言えるのかという思考実験である。

母親が幼い子供を家においたまま買い物に出かけている間に火事になり、母親が戻ってきた時はもう火の海であった。奥から子供の泣き叫ぶ声が聞こえる。母親は子供を救おうと火の海に飛び込もうとする。今、火の中に飛び込めば子供を救うどころか母親も焼死するのが確実な場合、周りの人は母親をつかみ押しとどめようとする。悲しいことだが現実にこうした事故は毎年おきている。

「母親を死なせない」という観点だけからすれば、母親を押しとどめる行為は善と言えるかもしれないが、母親の方からすればいい迷惑だろう。母親にしてみれば、子供を見殺しにした罪を一生背負い続けて生き続けるよりも、子供を助けんがため火の海に飛び込み、我が子もろとも潔く死んだ方が、悔いのない人生と言えるはずである。人はいずれ、誰もが死を迎えるのであるから、悔いのない死に方をする方がその人にとってはよい人生となろう。

ひょっとしたら遭遇するかもしれないこうした第三者的立場において、母親を思い通りに死なせてやることが正しいのか、それとも、母親を押しとどめ生かすことが正しいのか、どちらなのだろうか？(註5)

定　立――火の中に母親を行かせてやる。
根　拠――母親に悔いのない生き方（死に方）をさせてやるため。
反定立――火の中に母親を行かせない。
根　拠――母親をみすみす死なせることはできないから。

問題は母親の意志の実現に添う方向で考えるか、それとも母親の行為を愚行とこちらが勝手に判断するかである。

黄金律では自分の意志と相手の意志を同定して自分や相手が欲することを行う時、善は成立するはずだが、そうなると多くの場合、母親をみすみす殺してしまうことになる。それではさすがに困るので、相手の行為を勝手に愚行と判断し、パターナリズム（父権的温情主義、分かりやすく言えば「よかれと思って行うお節介」）によって母親を押しとどめることを善とする考えが出てくる。ここに解き難き二律背反が生じることになるが、何れが正しい行為なのか？　それとも定立と反定立を総合・止揚する第三の立場として絶対的な正しさが他にありうるのだろうか？

少なくとも私は母親を思い通りに死なせてやることの方を正しいと信じるが、だからと言ってそれが絶対的正義とは断言（証明）はできない。

B．次の例は最悪の結果がすでに決まっていて如何ともしがたい時、どちらが善にもとづく正しい行為と言えるのかという例である。同じように考えて頂きたい。

阪神・淡路大震災の時に起こった実話と記憶するが、大地震の報を受け、実家を心配した息子があわてて駆けつけてきた。独り暮らしの父親は、壊れた家のがれきに埋もれ、身動きできないでいるものの意識はしっかりしている。あたりは一面火の海ですぐそこまで火の手は迫っている。助け出そうにも、すでに人々は避難して誰もおらず、救出は自分一人では不可能である。父親は最後の声を振り絞り「さっさと逃げろ」と叫ぶ。もはや父親の生きながらの焼死が避けられない今、息子はどのように行動すべきか？　どのような行為が正義にかなっていると言えるのだろう？

父親を助けたいという心情に一毛の不純さがないのは自明のこととして、彼のとりうる行為の可能性は、父親が苦しまないように「ひと思いに殺してやる」。あるいは、見るに耐えないとして「逃げる」。または父親の焼死をその場で「見届ける」。「祈りを奉じる」……等々。しかし現実問題としては、「父親をひとおもいに殺してやる」か「殺さない（生きたまま焼死させる）」かのいずれかの選択を迫られる。何れの行為を正しいと見なすべきか？　ここにも解き難き二律背反が生じることになる。

定立――父親をひとおもいに殺してやる。

根拠――もがき苦しみながら焼死させるより楽に死なせる方が本人のためだから。

反定立――父親を殺さない。

根　拠――父親を殺すことはたとえいかなる場合であろうと許されないから。

父親を助けたくても助けられないというようにすでに結果が決まっている時、彼の行うはいずれの行為（父親を殺す、殺さない）が正義にかなっていると言えるのか？（上記AB例は、第五章でも問題にする。）

上記の問いに答えることは、己の正義感がどのようなものであるかを自ら再認識することにもなる。だが、それはその人の正義感・信念を明らかにすることはあっても、それが絶対的であることを意味するものではない。二律背反が生じた時点で、ある正義はその他の正義と並列となり相対化してしまうからである。すなわち、その絶対性を証すことは不可能なのである。(註6)

註5　議論の単純化をはかるため、以下の三点を条件とする。①母親が火の中に飛び込んだ場合、母子ともども助かる可能性は万に一つもないこと。②親戚など他に身寄りのない母子二人の家庭。③母親を押しとどめる場合の「あなた」の動機に関しては、「世間からの糾弾を恐れて」というような不純な動機ではなく、純粋に「母親を死なせてはいけない」という動機である。

註6 ハンス・アルバートは、自らの立場を絶対的に正当化しようとする努力から必然的に生じる論理的困難を、溺れそうになっている自分の髪の毛をつかんで沼から引きずり出したと自慢げに語る「ほら吹き男爵」にかけて、「ほら吹き男爵のトリレンマ」(「ミュンヒハウゼンのトリレンマ」)と名付ける。自己正当化の論理的証明は、「無限遡及」、「演繹における循環論法」、「特定の一時点での作業的中断」のいずれかに陥り、多くは三番目の「作業中断」に落ち着く傾向があるというのだが、これには説得力がある(ハンス・アルバート『批判的理性論考』萩原能久訳、御茶の水書房、一九頁参照)。ちなみに、こうしたトリレンマについてはポパーも語っており、小河原誠『現代思想の冒険者たち　ポパー』講談社や、小河原誠『ポパー哲学の新展開——討論的理性批判の冒険』未来社、で分かりやすく解説されているので、そちらも参照されたし。

8　事実判断と価値判断——正しさの二義性

ならば二律背反が生じ得ない「正しさ」を考えた時、その正しさは絶対性を有すると言えるのであろうか？　つまり世間一般で「真理・真実・事実」と言われているような、二律背反が生じ得ない「正しいこと」を語った場合、あるいは為した場合、そこに正義は成立するのだろうか。

もし、真理を語ることが正義であるとするならば、真理を語った時点でその「語り」は絶対的正義を持つことになる。だが、「正しさ」には二義性があり「真理・真実・事実を語る正しさ」と、我々が今問題にしている「己が信念としての正しさ（＝正義）」とは別物であるという点を押さえておかねばならない。

たとえば、「人は誰もが死ぬものだ」という真理を語ったからとて、それが絶対的正義であるだろうか？　否。「真理」は事実の正しさを意味するだけだが、「正義」は善悪（時には美醜）というような価値判断を含むものだからである。したがって、真理を語ったにせよ、それは事実判断において正しいのであって、価値判断における正しさ（正義）とは区別されねばならない。

では、正しくないことを言っても正義に反することにはならないのか、という疑問も生じよう。たとえば、「三角形の内角の和は常に二直角である」という命題を確信するAさんに対して、「それは誤りだ。三角形の内角の和は常に二直角とは限らない」とBさんが反論したとしよう。Aさんは「そんなことはない。学校でも習ったし、証明もきちんとできる。間違ったことを言うな」とムキになり、「非常識」なことを言うBさんに対して「正義」の怒りに身を震わせたとしよう。

Bさんはおもむろに反論した。「いや、三角形の内角の和が二直角なのは、ユークリッド幾何学という限られた条件においてのみ言えることであって、非ユークリッド幾何学

（たとえばリーマン幾何学）ではそうはならない。事実、地球儀の球面上で極点と赤道上の任意の二点を結ぶ三角形を考えた場合、経線と緯線が直角で交わる以上、二直角を超えるではないか。」

むろんBの主張が正しく、Aの主張は誤りである。ならば、誤った主張をしたAは直ちに「不義不正」の輩と言えるのか。巷間、正義と真理は同一視される傾向があり、真理を語ること、イコール正義であり、偽を語ることは正義に反すると言われたりもする。だが、AとBの違いは「誤ったこと（偽）を主張した」か「正しいこと（真）を主張した」かの違いであるが、「事実問題」に関して自分が信じることを主張する場合、「価値問題」とは無縁である。なぜなら、真であると信じている者にとって、真であるか偽であるかは反証が為されないかぎり、当人には分からないものだからである。それゆえ、己が真理と信じることを（結果的に）誤って主張したとしても、それ自体が不義不正である訳ではない。

真理は「事実問題」に関わるがゆえに人無くして成立するが、正義は「価値問題」に関わるがゆえに人無くしては成立しない。すなわち、正義は善悪の価値判断を伴う対他関係の中においてのみ成立するものである。つまり、「正しさ」には、「事実（真偽）判断」としての正しさと、「価値（善悪）判断」としての正しさがあり、正義が善悪という倫理原則を問題にする以上、「価値判断としての正しさ」の方を「正義」と称すのである。

9　まっとうな正義に向けて

庶民の正義を論じるに当たり、押さえておかねばならないポイントを改めてまとめると次のようになる。

①「勧善・懲悪型」正義には、悪である他者を懲らしめることを己の正義とする「懲悪型」正義と、善を為すことを正義とする「勧善型」正義があるが、この「勧善型」正義は己に対立するものを悪と見なして批判するような「懲悪型」正義を内包し、結局のところ、両者は循環をなし、閉じた世界に留まる傾向がある。

②正義は様々な形で相対化されるがゆえに、その絶対性を証明することはおよそ不可能である。

③「事実判断としての正しさ」と「価値判断としての正しさ」とは別物で、正義は後者に属する。

今まで見てきた「勧善・懲悪型」正義の「善・悪」はいずれもその対象を他者に向けてきた。不義不正なる他者を批判することが「懲悪型」正義であり、「勧善型」正義の内容も善き社会を造るというように他者に向けられていた。両者は、表裏の違いこそあれいずれも他者に対して行われるという本質的同一性を有していた。だが、ここで別の視点を入れることはできないだろうか。

二律背反の例で見たように、いずれかの立場に立って己の信じる正義を主張したにせよ、それを絶対的なものであるとは証明できないというトリレンマを我々は抱えることになる。全知全能の神ではない人間は常に不完全性を有している。とすれば、この不完全性そのものを己の内に潜む悪と見なしてみることはできまいか。つまり、「悪」の対象を不義不正なる他者に向け、それを批判することの中に正義を見出すのではなく、己の不完全性を悪と見なし、それを批判・内省することによって己の人間的成長（善）を目指し、そこに正義を見出すというような視点を有すことはできないだろうか。これを私は「勧善・懲悪型」正義のもう一つの形態、すなわち「自己に向けられた」勧善・懲悪型正義として考えてみたい。すなわち、「己の善を為すために己の悪に立ち向かう」という正義のあり方である。

従来の「勧善・懲悪型」正義を閉じた世界から解放するには、善・悪の対象を「他者」に向けるのではなく、このように「自己」に向けてみる必要があるのではなかろうか。こうした正義を有してこそはじめて、二律背反が生じたにしても、その具体的行為の奥にある原理的な場面で、その人の精神を正しきものと見なすことができるのではなかろうか。このような視点に立つと、定立・反定立いずれの道をとろうとも、その精神においては共に「正義」であると称することも可能になってくる。

では、懲らしめるべき「悪」を「他者」とするのではなく、「不完全性」という「己自身の悪」とするとは、どういうことなのか？　これを具体的に、「愛」という観点から次章で考えてみたい。愛は自分と他者との関係であると共に、己の心中にある不完全性（＝悪）を浮き彫りにしてくれるものだからである。

第四章

愛と正義

*『Landscape with Peace and Justice Embracing』
（ラ・イール、1654年、オハイオ、トレド美術館）

1 愛と幸福

前章の最後に出した「己自身の悪」を具体的な形でイメージし、まっとうな「勧善型」正義とまっとうな「懲悪型」正義を導き出すため、この章では「愛」について考えてみたい。

若い時期は、自分がどういう人間であるのかにあまり気付かない。だが、恋愛を通じて、自分の心に存する「虚栄心」「嫉妬心」「独占欲」などの多寡《たか》を認識することにより、はじめて自分がどういう人間であるのかに気付かされることもある。どうあがいても自分の想いが通じないという現実に直面し、それはなぜなのか、自分なりに理解したいと考えることもある。こうした悶々とした想いを抱きつつ、「本当の愛とは何だろう」と誰もが一度は自問した経験があるのではなかろうか。

愛を美しいイメージで捉える人は多い。だが、人を好きになった時の自分の「心のあり方」を考えることで、己の心中に潜む「悪しき感情」をも確認し、「愛の美しい姿」との乖離に気付かされ、絶望感に打ちひしがれることもある。愛が美しくきれいなものであらねばならぬとするなら、己の中の「悪しき感情」は排除すべきものとして考えられねばならなくなるだろう。

では、それを可能ならしめるものは一体何なのか？　それは、己の悪を懲らしめようとする「正義」の存在に他ならないのではなかろうか。本章では、「愛」の中にこうした「正義」の存在を見出したいと思うのだが、このことは同時に善を勧めるという「勧善型」正義の存在をも呼び起こし、愛における「勧善・懲悪型」正義の構造を明らかにすることになるだろう。その前に、まずは恋愛における「幸福」という概念の特殊性について簡単に触れておきたい。

人は誰もが幸福を願う。幸福の内実は各人によって千差万別であるが、それを一言で定義するならば「願いや欲望が達成された時の満足感」とでも言えるだろう。人間には本能的な性欲・食欲・睡眠欲の他に、金銭欲、名誉欲、物質欲等々、様々な形態の欲望が存する。そうした欲望が具体化した形で、マイホームを手に入れたい、おいしいものを食べたい、旅行に行きたいなどと、幸福の目標が設定される。目標を達成するためにはそれなりの努力が要求される。努力が大きければ大きいほど、目標を達成したときの喜び（＝幸福感）も大きい。そしてこれらの目標の多くは、それなりに己の努力によって実現可能な射程にある。

では、誰かを好きになった時、そこで考えられる「幸福」とはどんなものであろうか。

「好きになること」、そのこと自体に幸福を感じる人はまずいない。やはり「相手からも好かれたい」と思うのが人情で、この目標に向け人はあれこれ努力する。男であればデートをリードしたり贈り物を用意したり、女であれば手料理を作ってあげたりと、中には端で見ていて涙ぐましい努力もある。また、首尾よく僥倖《ぎょうこう》に恵まれ、相手からの好意を勝ち得、目標が達成されたにしてもそれで終わりかというとそうではない。今度は「自分だけを見ていて欲しい」、「結婚したい」となり、それが叶《かな》えば「子供が欲しい」（それも健康な子、男の子 or 女の子、可愛い子、できれば二重まぶた……等々）と、留まるところを知らぬ。こうした新たな目標（欲望）を万人が困難なく達成できれば世の中皆幸せであろうが、現実はそう甘くない。

たとえどれほど努力したとしても、目標に到達できないことも多いのであり、このことは、失恋経験のない方でもご理解いただけるであろう。「恋愛における幸福」が他における幸福と異質であるのは、恋愛の成就たる「幸福」は努力しても必ずしも実る訳ではないという特殊性を有している点にある。

2　恋愛の成就は努力の及ばないところにあるのだが……

天はあまねく万人に「人を愛する心」を与えた。……と言えば聞こえはいいが、人を愛する心を万人が有するからといって、同じように万人が他人から愛される訳ではないことは、誰もが承知のことである。早い話、もてる人もいればもてない人もいる。愛されるという観点から見れば、人間社会はまことに不公平な社会である。努力して金を貯めれば「物」は買えるが、通常、金を貯めても人の気持ち、ことに「愛」は買えないからである。（たまに金の力で人の気持ちを変えさせ、自分の思い通りに動いてくれるその人との関係を愛と勘違いしている幸せな人もいるにはいるが。）

出生により両親の「愛」は子に等しく注がれるにせよ（近頃は幼児虐待が多いのでそうとは言えない場合もあるが）、ことが男女の愛に及ぶやいなや、愛におけるこうした不条理は常につきまとう。それは容姿に優劣があるという理由だけではない。恋愛の成就は努力に比例しないからである。そうした意味で、今の学校教育のあり方は怠慢である。努力しろ、努力しろ、努力すれば何とかなるというだけで、努力しても無駄なことがあり、努力すればするほどやっかいになる場合があることを教えない。勉強やスポーツは努力すればしただけある程度までは上達するが、恋愛は努力しすぎるとストーカーになってしまう。この世の中に、努力だけではどうにもならないものがあることを知るのは大切なことである。

また、恋愛に競争相手は付きものである。受験やスポーツ競技ではライバルが一人いなくなれば、自分に勝機がその分増えてくる。だが、恋愛においてライバルがいなくなったからといって、自分に勝機が増えるとは限らない。受験や競技と同じ感覚で恋愛を考えた時、ライバルを蹴落とすことが自分の恋の成就につながるかもしれないという陰湿な感情を持つことになる。こうした感情に違和感を覚えない人とそうした感情を持つまいと努力する人、両者の違いは外見上からは分かりにくいが、その人の道徳観において天と地ほどの開きがある。

近頃よく、「自分らしく生きる」という言葉を耳にする。私にとって死んでも使いたくない言葉の一つである。「男らしく生きる」「女らしく生きる」「日本人らしく生きる」「武士らしく生きる」……というような使われ方の中には何らかの目指すべき道徳的理念が存在し、それに向かう当為（～すべし）を含意している。したがって、そこには、今の自分と「○○らしく」（「自分らしく」以外のもの）というフレーズに含意された道徳的理念との対立を認識し、その理念に向かう努力が要求されることになる。

ところが「自分らしく生きる」ことの中には何ら道徳的当為は存在せず、自分が好きなように生きればよいという無節操で都合のよい解釈がなされている。だが端的に「好きなように生きる」と言ったらあまりにも聞こえが悪いため、「自分らしく」などと言い換えただけの話で、まことに巧妙な修辞法《レトリック》である。ここに「克己」を意識した生き方とそうでない生き方との決定的な違いがあるのはおわかりいただけるだろうか。（なお、この点については、終章「4」で改めて詳しく論じる。）

愛する人に自分だけを見ていて欲しいと願う心は、おそらく誰もが有するものであろう。だが、問題はそのあとである。その想いを果たすため、相手を縛りたくなる自分の気持ちをそのまま肯定し即行動に移すか、それともそんなことは「すべきでない」と己にいい聞かせ自重するか。恋愛の結果は努力に比例しないとはいえ、どうしても努力してしまうのが人の常である。ならば、同じ「努力」をするにしてもどちらの努力を己に課すべきだろうか。

3 求める心――心中に潜む悪

冒頭で記した「愛」に関しての「己自身の悪」とは一体どのようなものか、それをより具体的な形で明らかにしておこう。

学生時代のことだが、一人の女の子がコンパにも出てこなくなり、また授業が終わったら即帰っていることに気がついた。彼女の友達によれば、彼氏ができ半同棲状態になったものの、その彼氏が嫉妬深い男で「コンパには行くな、授業が終わったらすぐに戻ってこい」と、彼女を常に自分のもとにおいておきたいのだと言う。自分にとって「かけがえのない人」であるがゆえに、相手を独占したいという心情も分からぬではないが、そのような愛の形態を「まっとうな愛」と称することができるのだろうか。携帯電話の普及に伴い、常に「愛する」相手の行動をチェックするのが日課であるという人も今日では珍しくもないようだが、相手を縛ることは「愛」なのか。

その後彼は、「愛」を誓いあったはずの相手から次第に避けられはじめ、やがてはふられてしまった。それでも彼の「愛」は彼女を地の果てまでも追い続け、今で言うストーカーになってしまった。「かけがえのない人だから自分だけのものにしたい」と考える人と「かけがえのない人だから縛ってはいけない」と己に言い聞かせる人の、いずれがまっとうな愛の持ち主と言えるのか。愛を「かけがえのなさ」という点だけから捉えれば両者の区別は生じ得ないが、この「かけがえのなさ」は時として本人をストーカー行為にさえ走らせることになる。

「愛とは何か」と問うた場合、即座にこうした「かけがえのなさ」「無償性」をイメージする人は多い。だが口では「無償性」などとカッコイイことを言ったところで、実際には、愛する人に自分を愛させせようと、そうした努力に日々余念のない人が多いのではないか？当人は自覚がないのかもしれないが、「愛する人から愛されたい」と無意識に願うのであればそれは「愛の無償性」を意味しない。そこにはすでに、「愛されたい」という「求める心」（＝欲望）があるからである。

愛の無償性を信じる人が、何の矛盾も感じることなく「愛されたい」と無意識に願う構造を、まずは我々凡人の不完全性として押さえておかねばならないだろう。

愛を「無償性」として捉えるのであれば、定義上そこには「捧げる心」のみが存するはずで、「求める心」は存しないはずである。「求める心」とは欲望を意味し、その実現（＝幸福）を目指して人は日々努力するのだが、この心は、同時に愛の無償性を否定する心情であり、その意味で己の内に存する「悪」と規定することができよう。幸いにしてこうした努力の末に幸福が得られたにしても、それは「無償の愛」から生じる幸福とは異質である。

とはいえ、「求める心」を完全に否定した「無償の愛」について語っても、聖人君子でないかぎり実現は困難であろう。こうした無償性という愛の形態を究極の愛の姿として認めることはやぶさかではない。が、そうした無償の愛を語ると、俗に生きる人間はこの愛を阻害するだけの欲の塊としてしか描きようがなくなるので、我々凡人にとっての「愛」の形態に、少しレベルを落として考えてみることにしよう。

我々凡人が「求める心」を完全に無くすことはおよそ不可能である。そこで「求める心」の存在を、愛の無償性（完全性）を阻害する「全き悪」として規定するのではなく、その無際限なる増殖を、さしあたり「悪」と規定することにしよう。

人を好きになった場合、まず最初に到来するのは「自分の好意に応えてくれる」ことを願う心情であろう。「ただ私の好意に応えてくれさえすれば幸福だ。他には何もいらない」というようなまことにしおらしい願いである。ところがこうしたしおらしさも、ひとたび願いが叶い幸福が得られるやいなや、次の幸福追求へと歩を進める。「自分だけを見ていて欲しい。一生を共にしたい。二人の子供を持ちたい。」……等々。「他は何もいらない」と言っていた舌の根も乾かぬうちに新たな欲望が増殖していく。

一つの幸福では満足できず、次々と新たな幸福を求めようとする心、こうした無際限な欲望の増殖が、我々凡人の心中に潜む悪である。

4　愛と正義の同型構造

大学の授業で学生達に「愛」と「恋」の違いを尋ねるとおよそ次のような答えが返ってくる。

「愛」とは――永遠のもの、無償のもの、与えるもの、恋より高次のもの、「心」という字が真ん中にあるので「真心」、対象は異性・人に限らないあらゆるもの……等々。

「恋」とは――途切れがちなもの、見返りを期待しているもの、求めるもの、愛の手前にあるまだ未熟なもの、「心」という字が下にあるので「下心」、対象は異性に限られる……等々。

（拙著『女子大生のための倫理学読本』葦書房、四六〜五〇頁参照）

上記のような分類は一般的であろうが、「愛」をこのように捉えるかぎり、欲にまみれた我々凡人はとうてい「愛」に到達し得ないと思われてくる。こうした「愛」を語ってもむなしくなるだけなので、我々凡人にとっての愛を私はかつて次のように規定した。

我々凡人の恋愛の形態は、「捧げる心」と「求める心」の二つの相関関係で決まる。さしずめ「捧げる心」が「求める心」よりも大きい場合を「愛」と規定する。逆に「求める心」の方が大きい場合は、愛ではなく「恋」となる。「捧げる心」を失ったその時恋愛は終わり、「求める心」をなくしたとき、その恋愛は文字通り「無償の愛」

（真の愛）となる。失恋によって人間は「成長」すると言うが、その「成長」とは「求める心」よりも「捧げる心」の方に比重が移る過程をいう。何度失恋しようと両者の比重が変わらないのであれば、恋愛のテクニックは「成長した」にしても、「人間的な成長」がなされたとは言い難い。

（同書、六四〜六五頁要約）

このように、「求める心」をなるべく少なくし、「捧げる心」を増やしていくところに己の成長、すなわち恋から愛への発展があるとするならば、この構造は、「悪」（＝求める心）を懲らしめるという「懲悪型」正義と、「善」（＝捧げる心）を勧めていくという「勧善型」正義の構造に極めて類似していることになる。まっとうな愛は、他者である恋敵を悪として排除し、それによって己の独占欲を満たすというような形で成立するのではなく、己の「求める心」を悪と見なしてその悪と戦い、かつ「捧げる心」という善を増やしていこうと努める「勧善・懲悪型の正義」によって生み出されると言えはしないだろうか。

5　恋愛の区分

このような仕方で恋愛を捉えると、様々な点がすっきりしてくる。

スタンダールに『恋愛論』という本があるが、それを敷衍《パラフレイズ》して紹介してみよう。

a・虚栄恋愛――虚栄心を満たすための恋愛。クリスマスに一人で過ごすことは恥ずかしいから、なんとしてでも相手を見つけなければ格好が付かない、などというもの。
b・肉体恋愛――肉体的快楽を目的とした恋愛形態。
c・趣味恋愛――恋愛を趣味と考え、飽きればすぐにとっかえひっかえするようなもの。
d・情熱恋愛――以上三つとは異質の、利害を超えた感情をもつ恋愛形態。
（なお、四つの区分はスタンダールの語によるが、その順番と解説は分かりやすく敷衍している。『恋愛論』上巻、岩波文庫、三三頁参照）

さて、ここからが重要である。先ほど、「愛」と「恋」の違いを明らかにしたが、そのような観点からこの四つを分類するとabcは「恋」の部類に入ってしまうことが明らかになる。なぜなら、そこにあるのは「自己」を中心とした「求める心」であり、その充足を目的とする恋愛だからである。aは自分の「虚栄心」を満たすため、bは自分の「性欲」を満たすため、cは自分の「趣味」を満たすための恋愛である。したがって、abc

は「恋」のレベルに留まり「愛」とはとても呼べない代物ということになる。dだけが「愛」へと進む可能性があると言えそうである。

「恋」において「求める心」が満たされることは「快」である。この「快」を幸福と呼んでもかまわないが、そこにあるのは期待して買った馬券や宝くじに当たった時と大差ない幸福であろう。こうした幸福を愛と考えている人も多くみられるが、「求める心」の比重が大きかった以上、それは最初から「愛」ではなく、たかだか「恋」にすぎなかったのである。

往々にして若者には「愛」と「恋」を勘違いしている人が多い。お互いに「快」を求めあう「恋」を「愛」と勘違いしているのである。abcいずれかの形態から生じたカップルにすぐに「別れ」が訪れやすいのは、ある共通の「快」が満たされても、次に生じた欲望が共通のものではなく、お互い快を得られなくなるからである。

また、「愛に嫉妬は付きもの」と考え、己の嫉妬心を正当化する人も多い。だが、嫉妬もまた愛から生じるというよりはむしろ「求める心」から生じるのではないのか。親しい友人と一緒に宝くじを買いに行ったものの、友人の方にだけ高額賞金が当たったとしよう。おそらく彼に対する嫉妬心が湧くのは避けられまい。だが、お裾分けをもらえれば嫉妬は感謝へと変わる。これは「求める心」、すなわち「金銭欲」が満たされ「快」を得たからである。友人に対する愛、すなわち友人が富を得たことに対する純粋な喜びなどかけらもない。あるのは自己中心的な欲望だけである。同様に、恋愛における嫉妬も「自分だけを見ていて欲しい」という「求める心」から生じるのであって、相手の幸せを純粋に願うというような「捧げる心」から生じたものでないことは明らかである。

6 捧げる心

さて、では「捧げる心」とはどんなものなのか。具体的にみていこう。

「好きな相手を遊びに誘う」場合のことを考えてみよう。こちらが相手を誘った時、都合が悪いと何度か断られたとする。もう一度誘おうとする時、何を思って誘うか？　自分の誘いが相手に負担をかけるのではと「相手中心」に一歩身を引いて誘うか、それとも、何としてでも都合のよい日を聞き出しデートしようと「自己中心」的なやり方で誘うか。「捧げる心」とは、相手に負担をかけたくない、相手の役に立ちたい、相手に尽くしたいというような「相手」を中心にしたものである。

だが「捧げる心」を実践しているつもりでも、たいていその背後には「求める心」が忍び寄っているものである。「相手に尽くしたい」という思いも、その背後には「相手からよく思われたい」という心情が潜んでいる場合が多い。かつて「アッシー」と揶揄された、車での送迎に精を出す男の心には、相手の役に立ちたいという想いがある一方で、その裏には「求める心」が貼りついている。「これだけ尽くしているのだから俺のことを好きになってくれるかもしれない」と考えるのが普通だろう。

だが、その彼女に彼氏がいたとして、それでもあえてアッシーをやろうとするその男を、人はどう評価するだろう？ 通常、世間は彼のことを「捧げる心」を満たした「いい人」であるとともに、単に利用されておしまいの「阿呆《アホウ》」と見る。

なぜか？ それは、「求める心」が満たされないことが分かった時点でその恋愛は成就しない、と世間では考えるからである。友人は、「この世には努力しても達し得ないものがあることがよく分かったろう」と忠告し、この恋愛を諦めるように説得する。彼氏がいると分かった時点でその人（アッシー）の「求める心」は満たされないと判断し、「捧げる心」を放棄させようとするのも世の常なのである。

だが、それでも本人に「相手の役に立ちたい」という想いが強いとき、彼のアッシーという行為は「愛」の重みを持つ。「愛してもらえないことはよく分かっている。だがそんなことはどうだってよい。今、彼女の役に立てれば自分はそれで十分だ」という想いを彼が抱いた時、彼の想いは「求める心」を含んだ「如何に愛すか」という未来的視点から、この瞬間までを「如何に愛したか」という過去を総括する現在の視点へと移行する。将来の「利」や「快」を度外視して、今この瞬間にできる最善を尽くすという生き方をした場合、たとえ彼の「求める心」は満たされなくとも、「捧げる心」を実践し得たという「道徳的満足」が生じることだろう。

世間はたしかに彼の行為を女に利用されるだけの阿呆と見るが、時が経ち、その女性が自分のすべてを捧げ得るようなまっとうな愛を誰かに持ち得た時はじめて、彼女は、彼の「捧げた愛」の深さが本物であったことに気付くことになるだろう。

このような「捧げる心」は、妻子ある男を好きになった女性にもあてはまる。妻という地位を得なくてもよい、ただ尽くすことさえできればそれでよいとする愛は、本物の愛であるかもしれない。「求める心」を顕さないかぎり、つまり「捧げる心」でのみ接するかぎり「不倫」とはなり得ない。だが、悲しいかな、愛の純粋さは相手や第三者にも負担を強いるのが世の常である。どれほど「捧げる愛」を貫徹しようとしても世間はそうはみてくれず、その結果、「捧げる心」の顕在化が第三者や自己の存在を否定する結果を招く時、「捧げる心」を己自身の心中に秘封しなければならないこともある。

真の愛の始まりが「捧げる心」であるとするならば、真の愛を終わらせるのもまた「捧げる心」なのである。ただこの場合、愛は「終わった」のではなく、「完結（まっとう）

された」と言うのである。

7　愛の終わり

だが、現実にはこうしたきれいな愛の終わりはあまり無いようだ。愛の終わりについてさらに考えてみよう。

まず、一つには相手に対する好意が冷めた時、「愛は終わった」という言い方をする。「愛が終わった」とは、「捧げる心」が無くなったことを意味する。自分の「求める心」を満たしてくれるものを相手が持っているかぎり、「愛」が終わっても相手とのつきあいは続くかもしれないが、相手がこちらの「求める心」も満たしてくれないようになるとつきあいそのものがなくなってしまう。

もう一つの終わりかたは「失恋」というもので、これは相手が自分に対して「捧げる心」を持たなくなったことを意味し、その結果「愛されている」という意識は消失する。

青森県住宅供給公社を舞台にした、同公社経理担当元主幹・千田郁司の巨額横領事件のもう一方の主役、チリ人妻アニータ・アルバラードは「千田被告を愛していたのか」という質問にこう答えた。「好きだったけど、愛していなかった。」(「読売新聞」平成一四年二月一七日付朝刊）まさに、「求める心」の方が「捧げる心」より遥かに大きかったことを告白した典型例である。しかも、彼女の「求める心」は「相手からの好意」に向いていたのではなく（これならまだ可愛げがあるが）、「金」に向いていたようだ。「金目当ての恋愛」は金のあるうちは続くだろうが、金の切れ目が縁の切れ目となる。バブル経済崩壊による青年実業家の多くの離婚例がそれを端的に物語っている。

恋愛に際して重要なことは、自分の恋愛が成就するかどうかは己の努力とは関係なく、あくまでも相手が決めることで、どれだけ頑張っても自分の想いが届かない場合もあるという事実である。そうした際には、その人を「如何に愛すか」ではもはやなく、「如何に愛したか」が重要となる。その意味で、潔く身を引くことは一つの愛を完結させるために最後に残された唯一の可能性でもあるだろう。「求める心」を捨て去る訳だから。

8　愛の正義

では、こうした己の「求める心」を少なくし「捧げる心」で相手に接しようとする態度、それは一体何に支えられているのだろうか。

「愛」と「恋」とを勘違いしたまま一生を終えるか、それとも真の愛を希求し努力するか、いずれの生き方を選択するかは本人次第だが、後者の生き方を己に課した時そこにあるのは、「求める心」を悪と見なしてそれを懲らしめ、「捧げる心」を増やそうとする生き方である。これこそ愛における「人間の成長」を可能にする生き方であり、ここに「愛の正義」が成立する。「捧げる心」で双方が接した時、そこにはかけがえのない相手、必要とされる自分がある。「求める心」で双方が接した時、そこには取り替えのきく相手、取り替えのきく自分がある。

これらのことは何も恋愛に限ったことではなく、友人関係や家族関係にもあてはまる。周りの友人・知人に自分を必要とする人が見あたらなくても、唯一家族だけは自分を必要としてくれている、というのが多くの人の思いであり、それは救いでもある。

我々はこの世に生を受けると同時にその家族（定位家族）の一員として迎えられる。自分が望んだ家族でもないが、両親から受ける愛のもとでかけがえのない強い絆が育まれる。そして、いずれ自らも結婚することで次の家族（創設家族）を形成する。

「求める心」を多く持った者の家庭では、各人の欲望が対立することで家庭崩壊の可能性も高くなる。若い者同士の結婚がうまくいかないことが多いのは、経済的な理由もさることながら、「求める心」が勝るという人間の未熟さに起因している場合が多い。たとえば、性欲という共通の「求める心」でつながっているうちはよいが、それが満たされると新たな次の「求める心」が各々に湧き起こり、それらの衝突が生じるからである。

一方が「求める心」を多く持ち、他方が「捧げる心」を多く持つ家庭であれば、「求める心」の多いワガママな方は「捧げる心」を持った人の愛によって支えられる。ワガママな子供が母親の深い母性愛によって支えられている状態である。

「捧げる心」で繋がった者同士の家庭であれば、夫婦・子供すべてがお互いを必要とし、最も理想的な家庭となるだろう。

友人関係においてもしかり。友人から誘われても、今日はちょっときついので今度にしよう、と誘いを断ることもある。相手の気持ちよりも自己の都合を優先させてしまう場合も多いのである。だがもしその友人がその日の夜に急死してしまったとしたら悔いを千載に残すことになろう。「捧げる心」に主眼をおく場合には、誘いはよほどのことでないかぎり断らないという「相手」を中心とした考えがでてくる。そこにおいて、友人に対する「捧げる心」は「友愛」という意味を持つ。

トルストイは言う。


一人の女性に対する絶対的な愛は、その前から存在していた万人に対する愛が犯されない場合にのみ、はじめて生まれるものである。万人に対する愛を基盤としていないにもかかわらず、それ自体、美しいものとして詩人たちに謳歌されている恋愛には、愛と呼ばれる権利はない。それは動物的な欲望であり、しばしば憎悪に移行するものである。……〔こうした恋愛は〕愛を装いながら、相手の女性に暴行を加える、さんざん苦しめたあげくその一生を滅ぼしてしまう。

（『光あるうちに光の中を歩め』岩波文庫、四六頁参照）

トルストイの語る愛はむろん「神の愛」との関連で考えなければ正当な解釈ができないことは重々承知しているつもりだが、それでも上記の言葉はキリスト教徒でない者達にも「愛の深さ」を教えてくれる名言である。

「捧げる心」を特定の異性に対してだけでなく、多くの人々にも持つことができるようになるには、己の心中に潜む「求める心」を悪として、できるかぎり排除しようと努める「愛の正義」を有する以外にはないのである。

9 「如何に愛すか」と「如何に愛したか」

往々にして我々は、自分にも愛する相手にも明日はまた来ると無意識のうちに前提してしまう。だが、たとえどれだけかけがえのない関係で繋がっている人であっても、別れは必ず訪れる。出生が当人の意識を超えた天の摂理の中にあるとするならば、死も当人の意識を超えた天の摂理の中にある。誰もが死を迎えるというこの天の摂理に、人は決して逆らえない。

死に際して重要なことは、もはやそのかけがえのない人を「如何に愛すか」ではなく、「如何に愛したか」である。「捧げる心」をどれほど持ってその人に接しようとしても、もうその人はいない。あるいは自分もいなくなる。今までどれほどその人を「愛したか」という過去の総括だけが問題となる。

死は、本人の意識に関わらず突然にやってくるものである。Xデーがいつなのかは誰にも分からない。とすれば、その人の生と己の生を共に前提しなければならない「如何に愛すか」という視点よりも、今この瞬間に死が訪れても悔いを残さぬような「如何に愛したか」という視点こそが重要になるのではないか。今の瞬間は次の瞬間にはすでに過去となる以上、「如何に愛したか」という命題は「今この瞬間、その人を如何に愛したか」という現在をも含むのである。

お互いが永遠の愛を誓ったにせよ、双方のいずれかが死ねばもはや愛すべき対象はこの世から消滅することになる。我々の生の時間的有限性を鑑《かんが》みるに、「如何に愛すか」よりも「如何に愛したか」が重要であることは明らかである。「如何に愛すか」という、将来に希望を託す命題を掲げたとき、我々凡人はやはりどうしても「求める心」を持ち続けてしまう。だが、「如何に愛したか」に視点を移せば、「求める心」の最小化が、この場で、当為として要求される。「捧げる心」を「求める心」よりも大きくしていくことに人間の成長があり、その究極の位置に真の愛があるとするならば、これを成立させるのに必要なのは、「如何に愛すか」という未来的な視点ではなく、「如何に愛したか」という過去を総括する現在の視点なのである。

真の愛が「捧げるもの」であるとすれば、その愛に伴う幸福も真の幸福でなければならず、その幸福とは欲望・欲求の満足といったたぐいのものではなく、全身全霊をかけてその人を愛することができたという、今この瞬間における「道徳的満足」として捉えることができる。たとえ死によって恋愛が終焉をむかえたにしても、あるいは失恋によってこの恋愛に破れる結果になったとしても、「真に人を愛することができた」という思いは、やがて時が経過し傷も癒え、過去を振り返る心の余裕ができた時、己の「誇り」として永遠の「道徳的満足」を呼び起こすことになるだろう。

真の愛は未来を志向するのではなく、今を志向するのであり、こうした愛を有することができるのは、「恋敵」を悪として駆逐するのではなく、己の心中に潜む「求める心」を悪としてこれを懲らしめ、「捧げる心」を善としてそれを推し進める、いわゆる「愛の正義」によるのである。

再度確認して、この章を終えよう。

①恋愛を「捧げる心」と「求める心」の二つの心の関係において規定するならば、「捧げる心」を「求める心」よりも多く持つ時に「愛」が成立し、逆の場合には「恋」となる。

②人間の成長とは、「求める心」(＝悪)をより少なく、「捧げる心」(＝善)をより多くしていく過程を言うが、それを可能ならしめるのが「愛の正義」である。

③愛の正義を貫徹するには「如何に愛すか」という未来的視点よりも、「如何に愛したか」という過去を総括する現在の視点の方が重要となる。

④「如何に愛したか」という視点から見た「幸福」は、「求める心」の満足ではなく、「捧げる心」を実践し得たという「道徳的満足」を呼び起こす。

第五章

生命と正義

＊「正義」(ピエロ・デル・ポライウオーロ、1469年、フィレンツェ、ウフィツィ美術館)

1　生命尊重のみで魂は死んでもよいのか

前章では、己の心中にある「求める心」と「捧げる心」に着目し、前者を懲らしめ後者を勧めていくところに「愛の正義」を見出した訳だが、この章では「捧げる心」に象徴されるような「勧善型」正義を究極まで貫徹すると、どのようなことが問題になるかを明らかにしてみたいと思う。

ところで、この節のタイトルを見て三島由紀夫の「檄」をパッとイメージされた方は、鋭い御仁である。「生命尊重」が喧伝される現代において、生命以上の価値を探ろうとする試みは、大東亜戦争中の生命軽視の反動によるものか、悪とされるような感がある。「戦陣訓」(陸軍省、昭和一六年)における死生観、すなわち「死生を貫くものは崇高なる献身奉公の精神也。生死を超越し、一意任務の完遂に邁進すべし。心身一切の力を尽くし、従容として悠久の大義に生くることを悦びとすべし」は、事情を知らない現代人がこれを読めば、北朝鮮工作員のためのものかと本気で思うかもしれない。

戦後日本では「何が何でも生きること、生かすこと」、これが「正義」であり、「死に急ぐこと、命より尊いものを探そうとする試み」は、生命軽視という「不義不正」として断罪される傾向があるようだ。とは言うものの、ホームに転落した人を救おうとして落命した人を、世間は決して「犬死」とは言わずむしろ称賛する。もし、「結果的に見れば犬死だ」と言う人がいたとしても、自らの命を賭して他人を救おうとしたその「正義感」は「悠久の大義」に殉じたものとして、後世、多くの人々に語り継がれていくことは間違いないであろう。彼らは生命を尊重すればこそ、そこに「生命以上の価値」を見出したのではあるまいか。

現代人は、「生命尊重」という重石によって心底深く封じ込められた「生命以上の価値」を、何かの弾みで見出すことができるのだ。次の例もそれを物語っている。

一九九二年に日本で実際に起きた話である。船が遭難し救命艇で数人が脱出できたものの、漂流中に一人死にまた一人死に、ついに二人だけが生き残った。水も食料も底をつき、最後の仲間もついに死んでしまった。

テレビドラマのようにイメージして頂きたい。我々は、生き残った最後の一人が次の瞬間どのように振る舞う場面を期待するだろうか？「死んだ仲間の血をすすりその肉をむさぼり喰うことで生き延びようとする場面」と「死者を丁重に海に葬り、己の生死は天に任すという場面」、我々はいずれの選択を主人公に期待するだろうか。

生命尊重を最優先に考えるならば、言うまでもなく前者であろう。だが、通常我々は人肉を喰らってまで生き残る道より、潔く死を受け入れる道をその人に選択して欲しいと願うのではないか。もし彼の生命が尽きたとしても、こうした死に対する潔さに我々はある種の感動を覚え、その生き様を支えた彼の「正義」は死してなお、「不滅の魂」などとして人々に語り継がれることになる。そうした事例が示すのは、人々の潜在意識の中に「生命以上の価値を認める心情」が存していることに他ならないのではないか。(註1)

「正義」を極限まで貫徹することは、時に「生命以上の価値」を己が命と引き換えに見出すことによってはじめて可能となるのかもしれない。では、そうした「生命以上の価値」とはいったいどんなものなのだろうか。

註1 一九九二年航海中のヨット「たか号」が遭難し、仲間達が次々と亡くなり最後の一人になるという状況下でも佐野三治氏は人肉を食すなど、考えすらしなかった。彼の奇跡の生還はマスコミを通して人々に感動を与えたが、彼がもし人肉を喰って生還していたら、世間は彼の生還を感動的なものと評価しただろうか。事実、彼は生還後の記者会見で「人肉を喰ったのか」という含みのある記者の質問に対し激怒したが、記者の質問といい、それに激怒した佐野氏といい、彼らの根底にあるのは生命よりも価値あるものの存在への意識に他ならないのではあるまいか。(佐野三治『たった一人の生還』新潮文庫、参照。) 逆に、人肉を喰うことで生還を果たした、アンデス山脈での飛行機不時着事故(一九七二年)のような例もある。生還者へ向けられた世間の白い

目は、人肉食に対する忌避の心情だけから生じたのではなく、命を捨ててでも守らねばならぬ「生命以上の価値」を誰もが心中に有していることを示唆しているのではなかろうか。

2　「人の生命は尊い」のか？

生命の軽重については先の「戦陣訓」のみならず、「軍人勅諭」（明治一五年）ですでに「義は山嶽よりも重く死は鴻毛よりも軽し」とされていた。こうした生命軽視の反動から か、戦後、生命は至高の価値を付与されることになる。なぜ生命は尊いのか、否、尊いと言われるようになったのか。この問いについてまず考えてみたいが、それには次の話が有効である。

あるテレビ番組で、「なぜ人を殺してはいけないのか」という問いを若者が発したところ、居合わせた評論家は面食らってうまく答えることが出来なかった。彼らにとって「生命の尊厳＝殺人の禁止」ということは自明のことに思われたが、若者はその根拠を問うたのである。この問いかけは物議を醸し、問いかけそのものをタイトルとする本や論文もその後いくつか出されたが、そもそもそうした問いかけにまじめに答えようとする大人達の態度に、私はむしろ閉口してしまった。なぜなら、そうした答えのほとんどが「人を殺してはいけない」ということを絶対的なものと前提し、何とかしてその理由付けを探ろうとするものばかりだったからである。なんでその若者にこのように言ってやれないのか。「そんなことはないぞ！　場合によっては人を殺してもよいし、むしろ殺さねばならない時もある。誰が人を殺してはいけないなどと決めたのだ！」と。今度は逆に若者の方が面食らうかもしれない。

　じつは、この「なぜ人を殺してはいけないのか」という問いには二つの解釈が可能である。一つは、殺人を絶対悪としたうえで、その当たり前とされた殺人禁止の根拠を問うことである。こうした解釈に立つ場合、「人間の生命の尊さ」が無条件に前提されることになる。「人間の生命はすべて尊いものである。それゆえ、殺人は絶対悪である。」多くの人はこのパターンで考える。だが、「人間の生命はすべて尊い」とされる根拠は何ら示されていないことも事実である。

　もう一つは、反語的な解釈で「なぜ人を殺してはいけないと断言できるのか、場合によっては殺してもよいではないか」と問うものである。この場合、「人間の生命の尊さ」は前提にならない。つまり「人間の生命は必ずしも尊いものではない。それゆえ、場合によっては人を殺してもよいし、むしろ殺さねばならない時もある」と言うことができる。その際問題になるのは、この「場合によっては」という部分である。

3　殺人の正当化理論

有史以来、人は人を殺してきたし、殺人の絶対的禁止（死刑の全面廃止、有事の殺人や緊急避難の殺人などもすべて禁止）などということは、どんなユートピアを思い描こうが実現不可能である。そうした意味では、前者（「人間の生命はすべて尊い」）の立場に立つ人は、よほどのヒューマニストかよほどの極楽とんぼだろう。彼らには次のように尋ねてみたい。「なぜ、人を殺してはいけないのに、動物ならよいのか？　人間の生命が尊くて動物がそうでない根拠は何なのか？」と。

たとえば、「人の生命は絶対である。絶対ということは他をもっておき換えることのできないものであるということである。……人の生命は一回限りのものであり、なにをもってしてもおき換えることのできないものである」（『いま、なぜ死刑廃止か』丸善ライブラリー、一四一頁）と死刑廃止論者の菊田幸一は言う。（ここで言う「人」とは殺人犯も含む「人」全般のことである。）

つまり、「代替不能な人間の生命は絶対である。それゆえ、殺人犯であろうとなかろうと、絶対に人を殺してはいけない」という論理である。彼のような殺人絶対禁止主義者に対して先の問い（「なぜ、人を殺してはいけないのに、動物ならよいのか？　人間の生命が尊くて動物がそうでない根拠は何なのか？」）を投げかけた場合、彼らはどのように答えるのであろうか。「動物は代替可能だが人間は代替不能である。ゆえに動物は殺してよいが人は殺してはいけない」と答えるかもしれない。もしそう答えるのであれば、次に「代替不能」と「代替可能」を区別する根拠はどこにあるかが問われることになる。これに対する答えはおそらく、「一回限りの人生」を可能ならしめる「心」の有無に求められることになるだろう。

　ではなぜ、人を平気で殺そうとするような心を持った人間（＝殺人犯）を殺すこと（＝死刑）が禁じられ、心は持たないけれども同時に罪もない動物を殺すことは正当化されるのか？　殺人犯が殺されずにすみ、牛やゴキブリが殺されねばならないのは何故かと問われれば、どう答えるのであろうか。おそらく、牛は人間に食用という「益」をもたらすから、ゴキブリは人間に「害」を与えるから、などとしか答えられまい。ならばなぜ、人類に「害」を与える殺人犯を殺すことにより、人類に平和という「益」をもたらしてはいけないのか。

　史実にもとづいて考えてみると分かりやすい。虐殺の被害者たるユダヤ人が当時ヒットラーを殺そうとすることは、なぜ悪と言えるのか？　言うまでもなく、ヒットラーのホロコーストはユダヤ民族の抹消を目的とした大量殺戮で、一殺人犯の犯した罪とは桁が違う。同胞を守るためヒットラーを殺すことは、むしろ当時のユダヤ人にとって最高の当為（なすべきこと）とは言えまいか。「いかなる場合でも生命は尊重すべきだ、それゆえ殺人は絶対に許されない」と主張する人に、再びお尋ねしたい。「ヒットラーを殺すことが、なぜ悪なのか？」

「代替不能」を盾に、それでもいい慕る人があるかもしれない。代替不能？　それはそうだ。あんな極悪人はこの世に二人といないだろうから、まったく剝製《はくせい》にして残しておきたいくらいである。しかし、なぜそこから「殺してはいけない」ということが出てくると言うのか。むしろ、代替不能であるからこそ殺さねばならぬ、ということが、それ以上の根拠をもって主張されておかしくない。

殺人禁止の根拠は、生命の「代替不能」からは論理的には決して導き出されない。それどころか、「殺さねばならない」という逆の可能性も同時に考えられるのである。(註2) それゆえ、殺人を全面禁止しようとするならば、神の掟（たとえば、「汝殺すなかれ」）というような超越的根拠を用いる以外、不可能である。

以前、大学生を対象に「今までに人を殺したいと思ったことはあるか」というアンケートを採ったことがある。約六割が「ある」と答えた。そこで今度は、「ある」と答えた人に「なぜ殺さなかったのか」と尋ねてみた（実際に殺しの経験者はいないだろうから）。返ってきた答えの多くは、「殺人犯となれば、自分の将来が台無しになるから」というものであった。つまり、殺さなかった理由は法や道徳の遵守などという点に求められるのではなく、己の将来の「利」を優先させた結果である。「いかに生きるか」という形で将来のことを考えればこのような怜悧が必要となる。他方、己の将来の「利」を考えず、「たとえ自らが殺人犯の烙印《らくいん》を押され、一生刑務所暮らしを余儀なくされても、このような奴を生かしておいては世のためにならぬ」と考えなされた殺人は、その意志において、より純粋であるとは言えないか。当然、このような逆説も可能となる。

　こうしたことを考えると、「人間の生命は必ずしも尊いものではない。それゆえ、場合によっては人を殺してもよい、あるいは殺さねばならない時もある」という解釈の方がまっとうで、そこまで考えて若者が「なぜ人を殺してはいけないのか」という問いを発したのであれば、この反語的問いは正鵠を射ている。殺人の禁止は決して絶対的な禁止を言うのではなく、たかだか「無益な殺生をするな」というぐらいのことを言っているにすぎない。逆説的に言うならば、「有益」な殺人は当然のこと、場合によっては「正当化」されるのである。

　では、「無益・有益」という基準はどこに設定されるのか。これは国や時代制度によって変わりはするが、さしあたりは各国の「法」による規定にもとづく。人命を賭してでも護られるべき有益性を、各々の国が「正義」の名の下に規定する。通常それは「国体」や「国民」の利益であるところの国益であるが、イスラム諸国においては「宗教の権威」であったりする。社会主義国家にあっては国体の変革をなそうとすれば国家に対する反逆の罪で即、死刑となるであろうし、ブッシュ大統領は、無差別テロによってアメリカの威信を傷付け、市民を死傷させたビンラディンの殺害を軍に命じた。イランの当時の最高指導者ホメイニ師は、イスラム教を冒瀆したとして『悪魔の詩』の筆者サルマン・ラシュディの殺害を公言したが、こうした殺人の正当化・適法化は有史以来途切れることなく続いた当たり前の「正義」であり、殺人の全面禁止が実現した例《ため》しなど、ありはしないのである。

こうした歴史が明かすのは、個人も国家も「正義」に「生命以上の価値」を認めてきたという事実である。

註2　「生命の代替不能」を根拠に殺人の禁止を結論づけることは、事実判断から価値判断を論理的に導き出すという誤謬を犯している。「生命の代替不能」という事実判断から「殺してはいけない」という価値判断は導き得ない。あえて、そうした価値判断と結びつけようとすれば、本文で記したように、生命は代替不能であるから「殺してはいけない」という命題と、生命は代替不能

であるから場合によっては「殺さねばならない」という二つの命題が同時に導き出されるはずであって、その価値判断は各自の主観に任されるということにならざるを得ない。

4　殺人禁止の根拠

以上のように、各国の法は、その国が規定する「生命以上の価値」、すなわちその国における「正義」を守るため、こうした「有益な殺人」を容認している。とは言え当然のこと、公権力を伴わない国民相互間の殺人は、法で禁じられている。

だが、法の持つ性質上、法は殺人の禁止を直接的な目的として命じているのではない。法は「こういうことをすればこのような罰が与えられますよ」という形式で、道徳的禁止条項を間接的に命じているにすぎない。法が「罰則による道徳の強制」と言われるゆえんである。刑法を実際に見てみればすぐ分かるのだが、そのほとんどは「○○したる者は△△の刑に処す」という形式で示されている。たとえば、刑法第一九九条。「人を殺したる者は死刑又は無期若くは三年以上の懲役に処す。」したがってそこから「死刑等に処されたくなければ、人殺しは止めなさい」という仮言的（間接的）な禁止が語られることになる。

殺人を「思いとどまった」先の学生の多くは、「処罰」されることを恐れて殺人を実行しなかった訳である。だが、処罰を恐れない者にとって、殺人禁止の根拠は「法」からは出てこない。つまり、死刑に処されようとかまわないという「確信犯」を「法」は止《とど》め得ない。かつて死刑廃止国ドイツで幼い娘を強姦・殺害された母親が犯人を法廷で射殺するという事件があったが、そうした確信犯に殺人を思い止まらせるには「法による処罰」ではなく、それ以外のものに頼るしかないのである。

では、「それ以外のもの」とは何なのか。さきに、生命の「代替不能」から「殺人禁止」を導くことはできないと言ったが、だからといって人の命を軽く扱ってよいということではない。むしろ、「尊い」と言われているのは事実である。殺人禁止の根拠を「法による処罰以外のもの」に求めるならば、まずは「なぜ生命は尊いと言われるのか」について考えておく必要があるだろう。

美辞麗句をちりばめただけの感情的な議論を排するため、まず確認しておこう。「人の命は地球よりも重い」と真剣な面持ちで「生命の尊さ」を語る人も世の中には多いようだが、それが修辞的《レトリカル》な言葉に酔いしれた単なる建前であることは、交通事故死について考えてみればよく分かる。国内では毎年交通事故で約一万人が亡くなっている。本当に「生命の尊さ」を信じるのであれば、車を全廃する運動をしてもよかろうが、そんなことは誰も言い出さない。なぜか？　言うまでもなく、「生命の尊さ」など口先だけのきれい事にすぎず、誰も本気で信じたりしていないからである。生命より利便性を優先、追求する人間の隠された本音である。

とは言え、「かけがえのない人」を亡くした遺族の悲しみは察するにあまりある。ここでは二つのことが明らかになる。

一つは、「かけがえのない人」というのは人全般をさすのではなく、「愛の対象」である人との関係性においてのみ語られることである。つまり「かけがえのない人」を亡くした悲しみとは愛する人を亡くした悲しみであり、失いたくない人とは家族・友人・知人というような特定の対象に限られるということである。したがって、本音を言えば、見知らぬ人が死のうが殺されようが、せいぜい「自分の愛する人でなくてよかった」くらいにしか思えないのである。かくして、「愛する人の命は自分にとって尊いものだから、殺されてはならぬ」という願いが殺人禁止の根拠として生じることになる。

もう一つは、これを普遍化させた「悲しみの普遍性」という問題である。「このような悲しみを他の家族に味わわせてはいけない。」すなわち、黄金律にもとづく悲しみの普遍性という観点から、誰もが殺されてはならぬという理由が導きだされる。「最愛の人を殺される悲しみは誰にとってもつらいものだから、人を悲しませるような殺人はそれ自体あってはならない。」本来殺されても仕方のないような極悪人を正義のヒーローが武士の情けによって、殺さず峰打ちにするのは、極悪人に対する情けではなく、彼の幼い子供や家族の悲しみを慮《おもんぱか》ってのことである。

すでに第三章でみたように、黄金律と他者危害則は我々にとって最初の道徳的原理として考えられた。「自分が殺されたくないなら人を殺すな。」また、「人に危害を与えてはならない。」こうした、最も基本的な道徳原理に「愛」が加わることによってはじめて、「無益な」殺生が禁止されることになる。

つまり、殺人禁止の根拠は、無条件に「人間の生命はすべて尊い」というような点にあるのではなく、その人が殺人犯のような極悪人であっても、家族からは愛される存在である可能性を有している点にあるのである。ユダヤ人からすればヒットラーは悪魔以上の存在であろうが、愛人エバ・ブラウンからすれば、愛の対象である。つまり愛の対象となる可能性を有するがゆえにその人の生命は尊いと言われるのであり、殺人禁止の根拠が生じてくることになる。したがって、愛人からすればヒットラーは決して殺されてはならない人、ユダヤ人からすれば殺さねばならない（殺されねばならない）人となる。

このように、殺人禁止の根拠を「愛による生命の尊さ」という点から明らかにした訳だが、視点のとり方によっては一八〇度変わりうる、極めて相対的な根拠にすぎないということも押さえておく必要がある。その意味で、殺人禁止の絶対的根拠など決してありはしないのである。

5　生命より尊いもの

殺人禁止の根拠を愛の観点から説明したが、では愛と生命、どちらが価値あるものなのか？　曾野綾子は、名著『誰のために愛するか』で愛を「その人のために死ねるか」と定義した。

> 愛の定義を私はこういうふうに考える。その人のために死ねるか、どうか、ということである。子供がひとり燃える家の中に残されたとき、たいていの母親は、とめるものがなければ、火の中にとび込もうとする。それが愛である。動物的本能であろうと、それが愛である。
>
> （『誰のために愛するか』文春文庫、一五頁）

もしそうであるならば、愛は生命よりも重い価値を持つことになる。愛と生命、その軽重を考えるために、再び、第三章（一一二頁）で出した例を見てみよう。

A．子供が燃える家に残された時、火の中に飛び込もうとする母親をそのまま「行かせてやる」ことと、「行かせない」こと、あなたが火事場に居合わせたら定立・反定立どちらの行動をとるか考えて頂きたい。（議論の前提条件は一一六頁の註5で示した通り。）

定　立——火の中に母親を行かせてやる。

根　拠——母親に悔いのない生き方（死に方）をさせてやるため。

反定立——火の中に母親を行かせない。

根　拠——母親をみすみす死なせることはできないから。

定立の立場に立つ人は、母親の行為に「愛」という「生命以上の価値」を見出そうとし、それを実現させてやろうとする立場である。

反定立の立場に立つ人は、母親の切なる心情に理解を示すものの、生命以上の価値を認めておらず、功利計算によって母親の行為を愚行と見なす立場である。生命至上主義の今日、多くの人はこのパターンで考えるのではないかと思う。つまり、命を一つなくすことをマイナス1とした場合、定立は母と子供でマイナス2になるが、反定立は子供だけのマイナス1ですむ。よりマイナスの少ない方を選ぶという損得勘定である。この立場に立つ場合、反定立の主張はマイナスを少なくするという合理性を持ってはいるが、生命以上の価値をそこに見出すことはできない。

実は、反定立には功利的観点とは異なったもう一つ別の考え方もある。愛の究極の定義を、今まさに実践しようとするこんな立派な人を、みすみす殺してはいけないという考えである。火の中に飛び込もうとする母親の行動はまさに「無償の愛」であるから、そのような立派な人を決して殺してはいけないと考えるのである。だが、この考えに立つ場合、定立の立場から「立派な人であるからこそその人の意志を尊重すべきでないのか」と反論されれば更に反論するのは困難であろうし、また仮に反論できたにしても、この人は結局、反定立と定立の双方を行ったり来たりするような循環に陥ることになるだろう。つまり、生命の価値を功利計算によって行うのではなく、その人のもつ愛の大きさに比例させて考える訳であるが、こうした考えによると、愛の大きさに伴って生命の価値も大きくなり、両命題の均等対立から導かれるのは「愛と生命は同じ重みを持ちその軽重は問えない」ということにならざるを得まい。

B．他人の助けが一切期待できないため、がれきに埋まった父親の生きながらの焼死が避けられない今、この息子は、さっさと逃げろと叫ぶ父親を前にしてどう行動すべきか？あなたがこの息子の立場としてどう行動するか、再び考えて頂きたい。（二一四頁参照）

定　立――父親をひとおもいに殺してやる。
根　拠――もがき苦しみながら焼死させるより楽に死なせる方が本人のためだから。
反定立――父親を殺さない。
根　拠――父親を殺すことはたとえいかなる場合であろうと許されないから。

定立・反定立いずれの場合も、命という観点からすればマイナス1だが、定立をとった場合あなた（息子）がそのマイナスを実行することになる。つまり父親を思う「愛」の方が「生命」よりも重い価値を持つから、その愛の力によって父親の生（苦しみ）を奪ってやることを正しいとする考えである。曾野綾子流の定義をすれば、「愛とはその人の命を自らの手で奪えるかどうか」と言えるであろうか。

反定立は最初から生命以上の価値を前提としない。親殺しの十字架を背負いたくないという功利的考えの方が、父親を想う愛よりも強いということになる。

実はこの場合にもAの時と同じく、反定立には次のような考えもある。「さっさと逃げろ」という父親の言葉に、親殺しの十字架を背負わせたくないという父親の想いを息子が感じ取り、こうした立派な父親であればこそ、どうしても自分の手では殺せないという考えである。これもAと同様、功利的見地から反定立を唱えるのではなく、父親の愛の深さと生命の価値を比例的に捉えるのであるから、結局は両者（愛と生命）は同じ重みを持ちその軽重は問えないこととなろう。


このように考えると、愛と生命の軽重を問う試みは結局のところ、愛を生命より重いと信じる定立の立場とその逆を信じる反定立の立場、それぞれ各人の「信念の問題」に還元され相対化されたままとなり、その軽重の客観的判定はどうにも困難と言わざるを得ない。

ただ確認できることは、「愛」に生命以上の価値を持たせようとする試み（＝「定立」の立場）は「生命と引き換え」にしてはじめて成立するということ、「反定立」を功利的観点から主張しようとすれば、生命以上の価値などどこからも出てこないということ、さらには生命の価値を愛の重さに比例させて「反定立」を唱えても、愛と生命の軽重は問えないということ、以上の三点である。

6 「如何に生きるか」と「如何に生きたか」

愛と生命の軽重を判定することの困難について述べたが、今度は、愛とは異なる観点から「生命以上の価値」について考えてみよう。

平成一三年一月二六日、東京・新大久保駅で、ホームから落ちた人を救うため二人の男が飛び込み、三人とも落命するという事件があったが、その三人はそれぞれ赤の他人であった。つまり、愛すべき対象であるからそのような行為に出たという訳ではない。また、消防士が命を顧みず火の中に入っていくことも別に愛する人を救うためではなく、それはむしろその人の使命感によるものであろう。ここには、愛とは異なる要素が絡んでくる。それが時に「忠」、あるいは「義」といわれたりするものである。これらの理念は、人によっては生命より尊い価値を持つようだ。(「忠」や「義」といった武士道的徳目については、拙著『平等主義は正義にあらず』で論じているので、そちらを参照していただければ有り難い。)

ホームに落ちた人を助けるかどうかという問題も、その人だけの死であればマイナス1で終わってしまう。だが、実際にあったように、一人を助けるため二人の人が飛び込み、全員落命すればマイナス3となり、結果的に考えれば愚行であったという人もいる。功利的観点から考えればこうなるであろう。が、それを果たして愚行と言ってしまっていいのか？　世間の賞賛は単なるねぎらいにすぎないのか？

　そもそも「結果的に考えれば」とはどういうことなのか？　行為する時点においてその行為の引き起こす結果は誰にも分からない。うまくいくことを望んで行為するが、その結果は時を経なければ分からないのは当たり前のことである。したがって、このような「結果」においてのみ物事を判断することは、これこそ愚考である、と私は思ってしまうのだが、「愚考にも三分の理？」、それなりの理屈はあるだろうから探ってみよう。

　結果を問題にする場合、通常はその結果が当人の未来にどのような影響を及ぼすかという観点から考えられる。三人とも助かれば、三人はその生を永らえることで未来が残される。だが、三人とも死んでしまえば彼らに未来はない。功利的見地から考えた場合、己の命を賭するような行為は無意味となる。未来の生が存在しない以上、損得いずれも生じ得ないからである。「命あっての物種」ならぬ「命あっての功利主義」である。したがって功利的な観点に立つかぎり、己の命を賭けるような、こうした「義挙」に及ぶのはおよそ不可能である。

　かつてＨＩＶ感染者が、次々にＨＩＶを感染《うつ》して回るという事件が外国で起きた。どうせ自分はまもなく死ぬからどうなってもかまわない、いっそのこと他人も道連れにしてやれというような自暴自棄に陥ることも、当初はあったという。

まもなく死ぬと宣告された人にとって、己の未来における「利（幸福）」はもはや期待できず、未来を前提した「如何に生きるか」という問いは無意味なものとなる。たしかに、「残されたわずかな時間を如何に生きるか」という問いは効力を持つが、先が短い人にとって、己の未来を想定したこのような問いかけは実際のところ、大した意味を持ち得ない。その人にとって問題になるのは、「如何に生きるか」ではなく自分の人生を「如何に生きたか」ということになってくる。「如何に生きたか」は未来を指向するのではなく、過去を含めた今この瞬間の生き方を総括する視点とも言えよう。こうした視点を持たないかぎり、死を宣告された人は自暴自棄になってもおかしくない。

我々が「如何に生きるか」という視点から未来を考える場合、そこには常に怜悧が必要とされ、未来の生を失うかもしれないマイナス要因は避けねばならないこととなる。つまり「如何に生きるか」ということは未来をどう生きるかということを意味し、未来のために「今」があるということになる。未来と今とは連続しており、未来のある時点で後悔しないような「今」を生きる事が選択される訳だが、そこには己の生の中で「快」と「道徳」をいかに調整するかという怜悧が必然的に求められるのである。しかし、「如何に生きたか」ということに主眼を移すとそうではなくなる。この刹那、「すべき」と信じることを、直ちに行動に移すことが要求される。未来はもはや想定外のものとなり、その刹那における意志の純粋性だけが問題になる。

　飛び込んだ二人も、瞬間的に落ちた人を助けてやらねばならないと判断したのであって、助けた後、英雄として扱われることを期待した行為ではなかったはずである。そんなことを考えていたら、とても電車の前に飛び込むことなどできはしないだろう。少なくとも彼らの行為は、「危険を冒してまで助けるべきか、それとも助けざるべきか」というような「怜悧を含んだ意志」にではなく、その刹那における「純粋な意志」に支えられていたはずなのである。こうした意志の純粋性は、それを完結した時点で結果の如何に関わりなく「悠久の魂」になり得ると言えはしまいか。

　生命より尊い価値を見出そうとするならば、それは己の快と道徳をいかに調整するかという視点（＝「如何に生きるか」という視点）ではなく、「如何に生きたか」という「意志の純粋性」を完結する視点を入れてこそ、はじめて可能となるのではないか。必然的にそれは「死の覚悟」を要求することになる。

7 「正義」と「生命以上の価値」

昭和四五年一一月二五日、三島由紀夫は東京・市ヶ谷の陸上自衛隊東部方面総監部にて「檄」を撒き演説、直後総監室にて壮烈な自刃を遂げた。その「檄」の末尾にはこう書かれていた。

われわれは四年待つた。最後の一年は熱烈に待つた。もう待てぬ。自ら冒瀆する者を待つわけには行かぬ。しかしあと三十分、最後の三十分待たう。共に起つて義のために共に死ぬのだ。日本を日本の真姿に戻してそこで死ぬのだ。生命尊重のみで、魂は死んでもよいのか。生命以上の価値なくして何の軍隊だ。今こそわれわれは生命尊重以上の価値の所在を諸君の目に見せてやる。それは自由でも民主主義でもない。日本だ。われわれの愛する歴史と伝統の国、日本だ。これを骨抜きにしてしまつた憲法に体をぶつけて死ぬ奴はゐないのか。もしゐれば、今からでも共に起ち、共に死なう。われわれは至純の魂を持つ諸君が、一個の男子、真の武士として蘇へることを熱望するあまり、この挙に出たのである。

（傍点筆者）

三島は、国家の根幹をなすべき軍隊（自衛隊）が自らを否定する憲法を遵守せねばならないような背理を正し、「自衛隊を名誉ある国軍とするために命を捨てようといふ決心」に及んだのである。その行為の是非はここで論じないが、少なくとも彼は「生命以上の価値」を信じるがゆえに、命をかけた挙に出《い》で、自刃によって自らの生を完結させたのであった。

憲法改正が目的ならわざわざ死ぬまでもない、もっと別の道があるはずだ、という意見も出るべくして出た。だが、そうした考えは愚かである。憲法改正の不可能性を悟ったがゆえに、三島は「生命尊重以上の価値の所在」を自らの命を賭して示したのである。この挙の目的は憲法改正云々にではなく、生命以上の価値を自ら示すところにあったのであり、それは必然、自らの命と引き換えでなければ示し得ないことであった。

「生命以上の価値」を見出そうとすれば、「如何に生きたか」という意志の純粋性を完結させる立場を想定しなければならず、それは「死の覚悟」を意味する。すなわち、「人事を尽くして天命を待つ。天命無きは潔く祖国の土肥となるのみ」とした心境である。そして、この「天命」を授かり、生を繋いだのが冒頭で紹介した佐野三治氏であった。線路に飛び込み全員が落命した事件では、「天命」は実際の「生」ではなかったにせよ、その意志の純粋性が死によって完結された時、人々の心中に封じられていた「生命以上の価値」が解き放たれ、世間は彼らを称えたのである。

だが、先の仮想例B（一六七〜一六八頁）に戻って、「自分の父親を殺す」ことを考えた場合、たとえ意志の純粋性があったにしても、それで「生命以上の価値」が明らかにされたと言えるであろうか。父親の命を奪う「愛」に「生命以上の価値」を見出そうとするならば、その後自らが自刃し、親殺しの罪を償う「覚悟」があってはじめて、そうした価値を見出すことが可能となるのではないか。

三島がもし生きて捕縛されていたら、彼の行動を支える「正義」には「生命以上の価値」は何ら無いに等しくなり、末代までの恥を曝《さら》すことになったかもしれない。かくして、生命以上の価値を求めようとすれば、「悪法も法なり」と語り毒杯を呷《あお》ったソクラテスの如く、「死の覚悟」を伴った完結性が必要とされるのである。

全共闘との討論集会に短刀を一振り忍ばせ単身乗り込んだ三島や、監禁状態にありながらも「学生を只今教育中」と言って警察権力導入を許さなかった林健太郎東大総長（当時）らの態度に、全共闘の学生が「敵ながらあっぱれ」の評価を下したのも、両氏の死をも覚悟した態度に心を揺さぶられたからに他ならないのではあるまいか。

己《おの》が信じる正義を究極まで貫徹するということは、己が正義に生命以上の価値を見出すことであり、それは「如何に生きたか」という己の死を覚悟した視点を入れることによってのみ、はじめて可能となるものである。

本章では、改めてまとめを示す必要はないであろう。それは、右の三行に端的に示されているのだから。

* 蛇足とは知りつつあえて二つだけ。「義は山嶽よりも重く死は鴻毛よりも軽しと覚悟せよ」(軍人勅諭)、「生きて虜囚の辱めを受けず、死して罪過の汚名を残す勿れ」(戦陣訓)、「心身一切の力を尽くし、従容として悠久の大義に生くることを悦びとすべし」(同) などと部下に要求していた帝国陸海軍を統括する大元帥がなぜ、戦場に散華せし部下の魂に、己の「生命以上の価値」を見出し、戦後御腹を召されなかったのか。また、東条英機はなぜ死に損なうような自決をしたのか。公言する者は少ないようだが、彼らの「生」は戦後世代の大東亜戦争観に決定的な方向づけを与えてしまったのである。「生命以上の価値」を部下に求め、自ら証すことのなかった彼らの「生」はまさしく万死に値すると言われても仕方あるまい。

また、昭和四四年一月一八日、学生運動の終焉とも言える「安田講堂の攻防」において、「死守」を叫んでいた全共闘の学生が、有言実行、文字通り壮烈な自刃を遂げ、「生命以上の価値」を世間に示したならば、全共闘に対する世間の目は、たとえ思想的に受け入れ難いものがあったにせよ、敵ながらあっぱれと褒め称えることもあったかもしれない。彼らがおめおめと捕縛されたのは、己《おの》が正義に「生命以上の価値」を見出すことができなかったからである。(なお、こうしたことに関してはまた別の機会に詳しく論じてみたいと思っている。)

終章

道徳と正義

＊『善政の寓意』（部分、中央が「正義」をあらわす）
（ロレンツェッティ、1338〜40年頃、シエナ、市庁舎）

1 「如何に生きたか」と「道徳的満足」

「生命以上の価値」は、死による自己完結性と引き換えにすることでしか示し得ないことを前章では明らかにしたが、我々の平時の生活において、そうした状況に直面することはめったにあるものではない。そこでこの終章では話を日常レベルに引き戻し、この「如何に生きたか」という視点を、死が避けられないような場面ではなく、より日常的な場面にそって具体的に論じていこうと思う。

小学校三、四年の頃と記憶しているのだが、今でも当時読んだ本の内容を鮮明に覚えている。その本には、遠足から帰ってきた小学生と母親との会話が記してあった。小学生は帰宅するなり母親に、憤懣《ふんまん》やる方ない様子で次のように言った。「〇〇ちゃんは、学校で決まったお菓子五〇円以内という規則を守らずにたくさんのお菓子を持ってきてた。あれはずるいよ。僕は決まりを守ったからちょっとしか食べられなくて損したよ。」これに対し母親は、「規則を守らなかった〇〇ちゃんはよくないね、だけど、〇〇ちゃんと比べて損したなと思うよりも、規則を守った自分に誇りを持つことが大切よ」と答えた。小学生はにこりと頷《うなず》いて、遊びに出かけた。

この話は爾来《じらい》、私の脳裏から離れない。「如何に生きるか」という視点で道徳を捉えれば、そこには当然のことながら己の欲望追求との葛藤が生じてくる。母親が子供に対し「規則を守った自分に誇りを持つことが大切」と言い得なかったら、その小学生は友人への批判に終始するか、次はどうやって自分もばれないようにたくさんのお菓子を持っていくかと考える怜悧に走ることだろう。規則を破る友人が多ければ多いほど、他の人もしているし、ばれなければ問題ないと、ついつい考えてしまうのは、人間の欲深き本性からして必定である。

だが、「規則を守った自分に誇りを持つ」という視点は、他者批判、あるいはばれなければよいという小賢しい生き方とは異なった、己の内面の純粋性を高めようとする精神、生き方につながり、それは「如何に生きたか」という視点から生じる「道徳的満足」を呼び起こすことになる。そこにあるのは、欲望が満たされた時の「身体的満足」とは異なるもので、自分に課した道徳的当為を、様々な誘惑に打ち克って為し得たことへの充足感である。道徳的満足は、「如何に生きたか」という視点を前提としてこそ、はじめて呼び起こされるものである。

こうした道徳的満足を伴う精神を持つことで、周囲が皆、「欲」の道に突き進む中、一人取り残されようとも、それに惑わされることなく己の信じる「正義」の道を進むことが、はじめて可能となる。私は学生時代、テストでカンニングが横行する中、そうまでして及第するくらいならあえて「不可」を選ぶという道を自らに課し、それによって生じた道徳的満足に誇りを覚えたことがある。そのように振る舞えたのは、先述した「小学生と母親」の話が脳裏に焼き付いていたからだと思う。

ともあれ、道徳を、通常なされるような、「如何に生きるか」という将来的視点から捉えるのではなく、「如何に生きたか」という過去を総括する視点から捉えることで、そこから道徳的満足の元となる「自己内在的規範」を導きだすこと、また、この自己内在的規範を「まっとうな正義」として結論づけるのが、本書のねらいなのである。

2 「他者危害則」に潜む落とし穴

戦後自由主義の隆盛に伴い、戦前の教育勅語や軍人勅諭にみられるような、孝行・質素・倹約・忠義などといった徳目はほとんど影を潜めた。新憲法発布により生命・自由・幸福追求に関する諸権利の尊重が謳われるやいなや、以前は悪とされた「浪費」さえもが幸福追求権と名を変えて、一心に経済的な幸福を追い求めること自体、善と見なされるようになったのである。生命尊重、自由尊重、幸福尊重という傾向は「道徳」にも大きな変化をもたらしたのである。

通常、道徳原理とは時空を貫く普遍性を有していると考えられるが、自由を尊重する「自己決定権」と、私利を容認する「幸福追求権」とによって戦前の道徳原理はことごとく換骨奪胎させられ、かろうじて今日残るのは「黄金律」と「他者危害則」ぐらいなものであろう。「自分がされて嫌なことは、他人にもしないこと」、「他人に危害を与えないこと」、今日では主にこの二つの原則だけが通用し、一部ではこの二つが道徳の全体であるかのような理解がなされている。戦前における「滅私奉公」「七生報国」などの道徳的標語は今日に至っては死語である。

たしかに幸福追求は我々の本能とでも言うべきもので、これを全否定してしまったのでは、道徳も単なる形式論に陥ってしまう。かといって、幸福追求をむやみやたらと全肯定してしまうのでは、道徳と衝突するばかりである。どのように両者を調整するかということが、その人の道徳観、倫理観を決定付けることになる。

近年、大多数の人々に最も受け入れられたのが功利主義という考え方であろう。功利主義という考え方の最大のポイントは、「他者危害則」を前提とした「自己決定権」による「幸福追求」の全面的肯定ということである。各人の幸福追求は各人の正当な権利として認められ、国家や社会がそれを止《とど》めようとするのは、他人に対する危害を防止する場合に限られる、とする考え方である。
ミルは次のように言う。

他人に害を与える行為は制圧されてよいものであり、個人の自由はこの程度は制限されなくてはならない。個人は他人の迷惑となってはならない。しかし、もし、彼が他人に干渉することを慎み、単に自分自身に関する事柄について自分の判断によって行為するのならば、それは許されねばならない。

（J・S・ミル『自由論』岩波文庫、一一四頁要約）

他者危害則は、本来このように個人に対する「権力行使の制限」という意味において有効であったはずなのに、この他者危害則が「自己決定権」を伴って従来の道徳に取って代わり、あたかも唯一の道徳原理であるかのように見なされているのが現代である。黄金律を加えてもせいぜい、「自分がされて嫌なことは他人にもしない」ように心がけつつ、「他人に危害を与えなければ」、「己の幸福を自由に追求してよい」程度にしか考えられていないのではないだろうか。それゆえ、「人に危害を与えなければ、自分の裸体で金を稼ぐのは自由だ！」「精子・卵子を売買して何が悪い！　誰にも危害はないだろう！」「電車の中で化粧して何が悪い！」「街中でイチャついて何が悪い！」などなど……、身勝手な主張が堂々と掲げられるのである。

この原則が、国家や社会の個人に対する不当介入を阻止することは高く評価できるが、それがあたかも唯一の道徳原則とみなされて前述したような身勝手な形で用いられていることには問題がありすぎる。功利主義は私欲にまみれた人間を量産するから、というような単純な理由からだけではない。それにはもっと大きな理由がある。

私の知人にも功利主義者を自認する人はいるが、だからといって必ずしも欲にまみれた人間というわけではなく、むしろ自律的な道徳的人間であったりする。では何故、彼は功利主義を掲げるのだろう。

道徳を、法と同様に「社会による規制」の観点から捉える場合、幸福追求にどれくらいの比重をかけるかでその厳しさも変化する。彼らはまず、個人の幸福追求を最大限尊重することを前提とし、そのためには社会的規制は最低限にとどめおくべきだと考える。彼らは臓器移植や生殖医療というようなバイオエシックスの問題についても、この図式で解決しようとする。曰く、「本人同士が了解し、他者に危害を加える恐れもない最新の医療技術を用いて何が悪い！」

つまり、最低限の社会ルールだけを決めてそれ以外の事柄は個人の意志に任せよう、という立場である。したがって、彼らは「社会による規制」の対極にある道徳、すなわち「自己内在的な道徳規範」それ自体を否定するわけではなく、そうした規範を自らに課している克己的人間を見れば、彼らなりに評価する。だが、それを社会による強制的な規範として個人に課し、一般化することを彼らは断じて許さないのである。

「社会による規制は最低レベルに留めよ」という考えは確かに重要であるとは思えるが、そこには塡《はま》りやすい陥穽《かんせい》も潜んでいる。我々は社会に属するといっても、一日の大半を自分の帰属する組織（たとえば会社）という小集団社会で過ごしている。己を規定する道徳が他者危害則という最低限の道徳であった場合、自分の行為が「組織」に危害を与えないかぎりそれは許されることになる。だが、それはつまり、自分が「組織」に危害を与えることは許されない、ということだけを意味すると受け止められかねない。他者危害則が示すところの「他者」が「組織」に限定されてしまうのである。

　このことは、組織以外のものにどれほど危害を与えようと、「組織にだけは危害を与えない」ため、「組織の利益追求には盲目的に従わねばならない」という事態をも引き起こす。外務省における裏金の捻出や、雪印の補助金不正受給、産地改竄、賞味期限日改竄など今日的な事例をみても、こうした実例には枚挙に遑《いとま》がない。こうした行為は社会からは糾弾されるものの、組織にとっては、公にならないかぎり利益になるもので、そうした組織の論理に照らせば「他者危害則」に何ら抵触することはないと考えられがちである。それゆえ、社員は「悪いこと」をしているという自覚に乏しく、むしろ「善いこと」をしていると錯覚されがちである。メディアを通じた社会による糾弾が為されてはじめて、己の悪に気付くことになるのである。

「他者危害則」のみを唯一の道徳と捉える考え方が孕《はら》むこうした危険性は、身近なところにあるのである。

3　自己内在的規範の必要性

ならばそうした「他者危害則」の問題点を補うためにも、「社会による規制」は厳しい方がよいのだろうか？　それとも、様々な問題は生じるにせよ、緩《ゆる》やかなままの方がよいのだろうか？　たしかに、戦前・戦中における徳目や禅宗のような克己的戒律を社会道徳として強要されることには、賛同いたしかねる。そうした意味では、「社会が我々に課す規則」は緩やかな方がよいと誰もが思うだろう。しかしそれは各人がまっとうであるということを前提としてはじめて言えることではなかろうか。これは肝要なことなので少し説明しよう。

福沢諭吉は次のように言う。

仮に人民の徳義今日よりも衰えてなお無学文盲に沈むことあらば、政府の法も今一段厳重になるべく、もしまた人民皆学問に志して物事の理を知り文明の風に赴くことあらば、政府の法もなおまた寛仁大度の場合に及ぶべし。法の苛きと寛やかなるとは、ただ人民の徳不徳に由って自ずから加減あるのみ。

（『学問のすゝめ』岩波文庫、一七頁）

これはつまり、まっとうな者が多ければ規則は緩やかで問題ないが、そうでなければ厳しい規制が必要になるということである。逆に言うなら、社会が課す外的な制約を最小限にするためには、各人がまっとうな人間にならねばならず、そのためには他者危害則に抵触しなければ何をしてもよいなどと考えるのではなく、まず己を律すべき「自己内在的な規範」を各人が持つことを必要とするということである。

たとえば、代議士や官僚の接待疑惑が社会問題になった場合、必ずと言っていいほど法規制が論じられる。アメリカに倣《なら》い、いくら以上の接待を受ければ違法となるというような、いわゆる「倫理法」を施行しようとする動きである。つまり、「接待を受けても他者に危害を与えたわけではない」と嘯《うそぶ》く政治家や役人を、法によって規制しようというわけである。たしかに、このような輩があまりにも増えたなら、法による規制も必要になってくるかもしれない。だがその前に、そうした規則を造ること自体、恥であると考える視点を持つべきではなかろうか。

いや、それほどまでに政治家や役人は腐りきっているのだ、と言う人もいるだろう。だが、校則のように、そうした規則で政治家や役人をがんじがらめに縛ったとして、彼らが「まっとうな人間」に成り得るだろうか？　否、そうした人間は、より狡知・狡猾になるだけである。言うまでもない、ばれさえしなければよいのだから。つまり、そうした不浄・腐敗した役人や政治家の行動を「法」で規制するということはてっとり早く、たしかに即効性があるかとも思うのだが、そんなことで落着したとして、事の本来的な解決には至らない。そもそもそうした考え方自体が本末転倒しているということに気付かねばならないのである。

社会による規制を緩やかなまま保つためには、「他者危害則」に洩れる事態は法で規制すればよいと泥縄式に考えるのではなく、「己の精神で己を律する」という視点を各人が措定することから始めるべきなのである。そうでなければ、結局のところ、自分で自分の首を絞める不要な制約や規則が、次から次へ増えるだけのことである。

では、それは如何にして可能となるのか？　それは汚職や不正に関連させて言えば、「汚れた富より聖なる貧を選ぶ」という自己内在的な道徳規範を確立させることである。そのためには「聖なる貧」を選んだ己を誇りに思う視点、すなわち、己の精神に「欲の価値観」を超えた「徳の価値観」を培うことによって「如何に生きたか」を自問する視点、これを措定するしかないのではないか。緩やかな制約による自由な社会が「善き社会」であるとするならば、こうした社会を構想するための方法は、泥縄式の「法制度」に求められるものでなく、本来、己の精神にこそ求められねばならないのである。

4　「幸福」と「既成道徳」との衝突

最少の制約ですむような「善き社会」を造ろうと欲するなら、新たな「社会的規制」を入れずに済むように、「己自身の道徳による自己規制（＝自律）」を考えねばならない。むろん道徳を自己規制として捉えたにしても、身体的な快楽を幸福として追求すること、そのことすべてが否定されるわけではない。だが、実際にはそうした身体的快楽をもとにした幸福追求は、己の道徳、あるいは既成道徳と衝突することもある。現代社会は主に黄金律、他者危害則にもとづいた原理で動いているとはいえ、伝統的な細かい既成道徳もいろいろな場面でまだ残っている。長幼の序、謙譲の美徳、礼儀作法などの形式的道徳や躾《しつけ》のもととなる子供に対する徳育（道徳教育）など、まったくなくなった訳ではない。

幸福を追求する際に生じる既成道徳との衝突を避けるため、我々は身体的幸福の追求を半分くらいに抑えたりするなど、自律による「欲望の自己規制」を必要とするのだが、それとは別のやり方も今日では多く見られるようになってきた。それは己の幸福追求の障害となる既成道徳そのものを破壊しようとする方法である。

結婚して子供ができた。銭を得るため、外に働きに出たいが乳飲み子をほっぽり出しておくわけにはいかない、どうしたらよいものかと悩むことがある。通常なら、「育児は親の義務である」という一般的道徳（常識）にもとづき、「自分の子供は自分で育てるのがあたりまえだから外に働きに出るのは当分諦めざるを得ない、その分節約しよう」と結論することだろう。

ところが育児よりも銭に目がくらむ者は、「育児は親の義務である」という至極常識的な道徳を破壊しようとする。その際、「子供は社会で育てればよい」と言えば、あまりにも反感を買いそうなので、道徳破壊をカモフラージュすべく、「子供を預けて安心して働ける社会環境を整えよ」などと言い出す始末である。しかも、「子供を預けて働かざるを得ない母子家庭のような境遇の人々のためにも早急な社会整備が待たれる」などと、論理の正当化にも余念がない。だが、母子家庭の方々のことを本当に思うのであれば、他にも主張すべき道徳的命題があるはずではないか。それは「外で働かずとも育児に専念できる社会を造れ」ということだ。

既成道徳の破壊は留まるところを知らない。第四章でも触れたように（一二八頁参照）、近頃よく「自分らしく生きる」という言葉を耳にする。もともと「自分らしく生きる」とは、「貧すれど貪せず」というような「自律的な生き方」を意味するものであった。周りが「欲の道」に進もうとも、自分だけは「己の信じる正しい道」を行くという具合である。

たとえば、今から二〇年ほど前に中野孝次は『自分らしく生きる』（講談社現代新書、一九八三年）の中で、「自律的な活動の生」（一五頁）の重要性を指摘した上で、そのためには「我慢すること、自制すること、自分で自分を訓練することを学ばねばならぬ」（三五〜三六頁）と論じた。「より自分らしく、より自由に」と帯封に記された彼のベストセラー『清貧の思想』（文春文庫）でもこうした「心の内なる律を尊ぶ」（一五頁）思想が貫かれている。つまり「自分らしさ」とは「自律」の思想に貫かれていたのである。

周知のように、従来よく用いられた「男らしく生きる」「女らしく生きる」「日本人らしく生きる」「武士らしく生きる」……というような使われ方の中にも、何らかの目指すべき道徳的理念が存在し、それに向かう当為を含意していた。そうした道徳的な生き方を総括的に自らに課した生き方、様々な欲望から切り離された生き方、こうした生き方を自らあらためて咀嚼《そしやく》し、自己規範化させたものが「自分らしく生きる」のもともとの意味であったのである。

ところが、昨今耳にする「自分らしく生きる」というフレーズには、道徳的当為の存在を見出せないどころか、そうした規範から解放された生き方として「自分が好きなように生きればよい」という都合のよい解釈が施されている。「規範からの解放」「自分らしさの解放」と言ったら聞こえはいいが、内実は道徳破壊を意味するものに他ならない。

勢古浩爾は、今日用いられる「自分らしさ」について、次のように言う。

「男らしさ」というのはあくまでも規範である。それにくらべて「自分らしさ」というのは欲望である。この口当たりのいい「自分らしさ」を解放すると、ただのわがまま、好き勝手、なんでも自分の思いどおりにしたいという野放図になるから、それを「男らしさ」で律するのである。たしかに世にはびこる「男らしさ」は自分には甘く他人に厳しいだけのご都合主義で、それゆえ抑圧的であったがゆえに、それへの反措定として「自分らしさ」がでてきたのは理解できないわけではない。しかし、それが目指すのは、もっと楽で、我慢をしなくてよくて、いかなる抑圧もない、自分の生き

たいように生きる生き方で〔ある〕。（『こういう男になりたい』ちくま新書、三四頁参照）

（＊なお「男らしさ、女らしさ」の重要性については林道義『フェミニズムの害毒』草思社でも詳しく論じられているので、是非そちらも参照して頂きたい。）

「我慢をしなくてよくて、いかなる抑圧もない、自分の生きたいように生きる」ような「自分らしい」生き方を誰もがするようになったらどうなるだろうか？

作家の落合恵子は現代社会を「異性愛強制社会」と規定した上で、同性愛を「別におかしいとは思わない」と主張し、「自由に自分を生きること」の必要性を説く。（落合恵子・伊藤悟『自分らしく生きる』かもがわブックレット、二〇・二一・五四頁要約）つまり、同性愛を肯定し、「異性愛強制社会」から解放された「自分らしく生きる」ことの重要性を説くのである。

仮に、彼女の「自分らしく生きる」ような生き方を誰もが認め、社会が「異性愛強制社会」から「同性愛容認社会」に変わったとして、その次に来るのはどんな社会だろうか？「愛し合っているのだから、親子間・兄妹間の近親相姦も認めよ、獣姦も認めよ」などとなったとしても不思議はない。既成道徳を破壊した後に成立するであろう、こうした「欲」にもとづく「何でもあり」の社会を我々は、本当に「善き社会」と言えるのだろうか。

このように道徳を破壊することを己の正義と確信している者もなかにはいるようだが、こうした「正義」の構造は「懲悪型」の正義であり、その「悪」は完全に「他者」(既成道徳)に向けられたものである。こうした「正義」は往々にして特殊なイデオロギーにもとづく場合が多い。だが、既存の文化・伝統・道徳をぶち壊しながら己の欲求を追求することが、社会にどういった帰結をもたらすか、またそうした生き方はまっとうな生き方と言えるかどうかを、特殊なイデオロギー理論で考えるのではなく、自律的に自分の頭で考えてみることが必要なのではあるまいか。

5 「欲の価値観」と「徳の価値観」

では、「自分の頭で自律的に考える」とはどういうことなのか。それは一言でいうなら、他者に向けられた批判を、己自身に向けることから始まるものである。既成道徳の破壊を掲げる主張は己の「欲の価値観」にもとづいたものなのか、それとも「徳の価値観」にもとづいたものなのか、まずこれをよく考えてみることから始まる。

すでに述べたように、「如何に生きるか」という問いは、自分の幸福を追求しながら如何に道徳との衝突を避けるか、という恰悧を必要とする。その際問題になるのは、その人の「価値観」である。我々の価値観を「欲の価値観」と「徳の価値観」に大別し、どのような価値観が我々の行為に実際作用しているのか、以下に考えてみよう。

「欲の価値観」とは、一言でいえば我々が通常持つ「損か得か、好きか嫌いか、快か不快か」の感情であり、「徳の価値観」とは、「欲」とは切り離された「正しいか、正しくないか」を分かち断ずる価値観である。我々は、自己決定権の名の下に「得」「好き」「快」をもたらすものを、他者危害則に抵触しないところで自由に追い求め、それが満たされた時、「身体的幸福」(＝「快」)を感じるのである。

だが、他人に危害を与えないかぎり、自由な行為が許されるという他者危害則にもとづく自己決定権は、時として誤った自由概念を生じさすこともある。育児を他人に任すも自由、同性愛に走るのも自由、子供を産まないのも自由、部屋の掃除をしないのも自由、ギャンブルにのめり込むのも自由、不倫もばれないかぎりは自由……等々。己の欲望追求にとって都合のよい解釈が現代では施《ほどこ》されている。

だが本来、自由とは「何でもあり」を意味しているのではなく、人が本能や欲望といったものから拘束を受けない能力を持つことをも意味する。そうしたことから他の動物と異なり、人間のみが「自由」な能力(意志)を有すると言われるのであり、またそうした能力を有するがゆえに「自由は責任を伴う」とも言われるのである。

動物と異なり、人間の自由に責任が伴うのは、本来しなければならないことを行う自由が与えられながら、それを為さないがためである。たとえば、「私は自由だから掃除をしない」という行為が非難されるのは、「掃除をしない自由」とともに「掃除をする自由」も等しく保証されていながら、片方の自由を行使しなかったその理由が問われている訳である。

かくして、欲の価値観を達成するための自由だけでなく、欲望に支配されない自由をも同時に有しているのでなければ、単に犬畜生と同レベルということになる。つまり、欲望・本能といった動物的な価値観から離れてはじめて、「まっとうな自由」と言えるのであり、それを支えているのが「徳の価値観」だと言えよう。

育児に専念すれば金を得られず「損」になる、しかも育児は「不快」で「嫌い」であると感じた場合、「欲の価値観」のみにもとづくならば、その人は育児を放棄し「得」(金)を求めて外に出るだろう。だが、普通はそうする前に「育児は親の義務である」という道徳にもとづき、自分のやろうとしていることが「正しいことか、そうでないか」を判断する徳の価値観との葛藤が生じるものである。欲の価値観を貫こうとすれば先に述べたように既成道徳を破壊せねばならないが、徳の価値観に重点をおきしばらくは欲の価値観を捨ておこうと考える場合、欲の価値観から徳の価値観への移行が起きる。このように自らの意志で「欲の価値観」から「徳の価値観」へ移行しようとすることが自律的に考えるということで、この移行を「人間の道徳的成長」と称するのではあるまいか。

人間の道徳的成長は同時に人間の「身体的幸福」から「道徳的幸福」への移行を意味する。育児を他人任せにして銭を得る「身体的幸福（＝欲の実現）」と、銭はなくとも自分の子供は自分で育てたという「道徳的幸福（＝当為の実現）」のいずれを目指すべきか。

ひとつ断っておくが、ここで問題にしているのは「外で働く・働かない」というような単なる「行為」の問題ではなく「動機」の問題であること、この点だけは忘れないで欲しい。むろん、「徳の価値観」にもとづき「大義親を滅す」という観点から、育児を他人に任せ外で働くことも十分にあり得るのだ。かつて私はこう書いた。

それほど困窮してもいないのに男女平等というイデオロギーのため、あるいは物欲を満たす銭のために子供を施設に預けて働くのはおかしいと言っているのだ。「大義親を滅す」というように、子供をも敢えて犠牲にしてまでも働かねばならぬような大義が妻にあれば、むろん話は別だ。……そして、自分の子は自分で育てるという本義を押さえた上で、敢えてそれよりも大きな道徳的価値を働くことの内に見いだせるとするならば、それはそれで一向にかまわぬ。もし子供が夭折した際、多くの愛情をかけてやれなかったことを悔やむにしても、「大義のため、許せよ我が子」と自ら納得できるのであれば、まことあっぱれ、何も言うことはござらぬ。くり返すが、俺が言いたいのは、自分の子供を自分で育てるという人間としての本義を考えもせず、銭儲けに走ること、イデオロギーに走ることは、誤っているのではないかと言いたいだけだ。従って、大義のため外で働く、あるいは、児童期をすぎ子供に手がかからなくなってから夫の仕事上の負担を軽減する意味で妻が外に働きに出る、など何も言うことはござらぬ。まことあっぱれな心がけでござる。

（『平等主義は正義にあらず』葦書房、一四〇～一四一頁）

このように、己の行為が「欲の価値観」、「徳の価値観」いずれの「動機」にもとづくものであるかが重要な点なのである。

幸福追求という新しい権利は現代に生きる人々に多くの選択肢を与えることになった。極端な話、金さえあれば「誰にも危害を与えることなく」育児専門の家政婦を雇い、自分は好き放題遊び回ることもできるのである。だが、選択肢の増加が直接に「善いこと」を意味する訳ではなく、数ある選択肢の中から何を選択するかということで人の道徳的成熟度は試されるのである。

第四章で「求める心」を減らし「捧げる心」を増やしていくことを、「愛」における「人間の成長」と規定したが、同様の構造がここにもみられる。すなわち、「欲の価値観」を減らし、「徳の価値観」を増やしていくことが「人間の成長」なのである。では「欲の価値観」から「徳の価値観」への移行を可能にするものは何なのか？　己に内在する「欲の価値観」を無条件に肯定し、その達成に向けて他者（既成道徳）を批判・破壊するだけでは「徳の価値観」への移行は断じてあり得ない。この移行を可能にするのは、己の「欲の価値観」を悪と規定し、それを駆逐するものの存在でなければならない。それが自律的道徳、内省的道徳としての正義である。

どれほど欲深き人間であろうと、他者を悪として批判する「懲悪型」正義は誰もが有するものだということはすでに述べてきたとおりだが（「序章」「第三章」参照）、他者にばかり向けられがちなその「懲悪型」正義を、己自身の欲深さにこそ向けてみることで、「欲の価値観」から「徳の価値観」への移行が可能となるのである。

6　「徳の価値観」の過信

さて、欲の価値観から徳の価値観への移行を「道徳的成長」と規定したが、徳の価値観を重んじるあまり、次のような事態が生じることもある。「徳の価値観」にもとづいたつもりの「懲悪型」正義と「勧善型」正義が、時としていかに不完全なものであるか、次のような例を考えてみよう。(以下の例は拙著『女子大生のための倫理学読本』でも扱った。)

正義の味方を自称する中年男がバスの席に座っていたところ、一人の若者がシルバーシートに腰掛けた。中年男はちょっと気にいらなかったが、まだ黙っていた。ある停留所で老人が乗り込んできてその若者の前に立った。正義の実践を信条としている男は、むらむらと「正義」の怒りがこみあげ、若者に「なぜ老人に席を譲らないのか」と怒鳴りつけたのである。バツ悪そうにうつむきながら若者は立ち上がり、席を譲った。男は自分の正義が勝利したと喜び「正義は必ず勝つ！　今後も正義を実践していくぞ！」と勝利の余韻に浸っていた。

一見、「徳の価値観」にもとづく「懲悪型」正義の実践例かと思いきや、この話には続きがある。

男は、若者がバスを降りていく姿を眼で追っていたが、その眼が若者の足に向けられた瞬間、男の体は凍りついた。なんと若者の足は義足だったのである。その姿を見て愕然とした男は、自分の正義が脆くも崩れ去っていくのを感じた。己の正義が、如何に自己陶酔型の正義であったかを痛感させられたのである。

自分の正義に酔いしれるあまり、短絡的に悪を規定して、「正義の批判」は他者に向けられがちである。ここにおいて己の不完全性への自覚は、思考回路から完全に抜け落ちている。シルバーシートに座った若者を不逞の輩と判断する前に、なぜ若者はここに座っているのだろう、何か理由があるのではないかと、なぜ考え及ばなかったのか。若者を怒鳴り散らす前に、なぜ自分が席を替わってやらなかったのかと、男は自責の念にかられた。男はここに至り、ようやく「正義」というものは「悪なる相手」を批判することの中にではなく、その矛先を「己の完全性へのうぬぼれ」に向けてはじめて成り立つことを悟ったのである。

「徳の価値観」を過信するあまり、その正義が「懲悪的」なものとして他者へと向けられた場合、こうした「独善」に陥ることも多いようである。

もう一つの例は、「徳の価値観」を確信して「勧善型」正義を遂行しようとする際生じたものである。

かつて「割り箸廃止運動」なるものが起きた。環境保全の一環として森林を保護しなければならないというかけ声のもと、大衆が身近にできる森林保護運動として「使い捨ての割り箸を廃止しよう」という運動が生じたのである。環境破壊に歯止めをかけねばならないと常々思っていた人は、「徳の価値観」にもとづく「勧善型」正義としての「割り箸廃止運動」に飛びついた。

たしかに、環境を守らねばならないという「徳の価値観」にもとづいたその人達の心底には一毛の不純さもないだろう。だが悲しいかな、完全な誤解がそこには含まれているのだ。植林に従事したことのある者なら誰もが経験済みであるが、杉や檜を大きくまっすぐ育てるためにはある時期「間伐」というものを行う。たとえば、一メートル間隔で植えられた木を三メートル間隔にするため、間の二本を伐るのである。間伐材はそのまま放置され数年の年月を経て土に還ることになるが、こうした間伐材を放置せず再利用して割り箸は作られることになる。

つまり、割り箸は間伐材の再利用であって、割り箸を作るために森林が破壊されるのではないのである。メディアも、割り箸製造業者や林業従事者からこのことを指摘され、廃止運動は一気にトーンダウン、その後消滅した。

むろん、割り箸の大量消費を奨励しようという意図はない。事実、大量消費が自然環境に様々な悪影響を与えていることは、今更論を俟たない。だが、そうした環境問題に取り組む際に、我々がまずしなければならないことは、メディアや他人がお膳立てした環境問題を、「勧善型」正義の実践とばかり盲信する前に、その正しさを自律的な視座によってあらためて検証してみるというような、「自己に対する批判的態度」を実践することなのである。

7 「まっとうな正義」と「まっとうな社会」

正義を「懲悪」と捉えた場合、我々はついつい「悪」の対象を「他者」に向けてしまう。だが、相手の悪をたくさんあげつらうだけなら殺人犯のような極悪人でもできることで、それは決して「まっとうな正義」とは言えないものである。また、「割り箸廃止運動」の例でも見たように、善き社会を築こうとする「勧善型」正義も、己の不完全性ゆえに誤った方向へと進むこともある。これらはいずれも、己の「正義」を過信することで生じたことである。

では、そうならないためにはどうすればよいのか？　そのためには、「他者」に対して「懲悪」や「勧善」を為す前に、「己の不完全性」を懲らしめようとする「内省」を有さなければならない。その時はじめて、「より善い己」を目指そうとする「勧善型」正義の芽も生じてくる。「まっとうな正義」とは「他者に向けられる正義」ではなく、まずは「己の不完全性（＝悪）」を懲らしめることによって「より善い己」を目指そうとする「己自身に向けられる正義」のことなのである。

　このように考えると、その人がまっとうかそうでないかは、今の自分を不完全なるものと見なし、自己を高めようとする心を持っているかどうかにかかっている。他者の欠点を指摘する前に自己の欠点に目を向けようとする人、そういう人に出会ったとき、イデオロギーを越えてその人に対する尊敬の念が生じることになる。そうした人が集まった社会は、制度でがんじがらめに縛られた社会より、もっとましな社会と言えるであろう。

　人間は己の信じる「正義」ゆえに、異なる正義を悪と見なし、徹底した争いを引き起こす。時に、正義に殉じ自らの命を捨てることもあれば、殺人をも正義の名の下に正当化してしまう。だがこうした己の正義への確信もそれが絶対であると証することは、常に不完全性を有するという人間の本性上、不可能なことである。したがって我々が考えなければならないことは、己の信念に「自己の不完全性への内省」を常に伴わせなければならないということである。

　かくして、徳の価値観にもとづいた自分の主張を正義であると信じ、相反する主張を批判するというレベルに留まるのではなく、己が信じる徳の価値観、その不完全性をさらに内省しようとする精神を有してこそ、その人の有する正義はまっとうであると言えるのである。

「まっとうな正義」とは、己の心中に「もう一人の道徳的完全性を有する自分」を措定することによって、「如何に生きたか」という視点から今の自分を批判的に見て、その理念に向かうことを命じるところの自己内在的道徳に他ならない。道徳とは何も、社会が個人を規制することだけを意味するものではない。「もう一人のまっとうな自分」が今の自分をどう規制するかということも含まれるのである。その意味でまっとうな正義としての自己内在的道徳とは、悪しき他者との戦いではなく、己自身との戦いなのである。

かくして、自分の考え方と真っ向から対立する立場があったにせよ、そこに自己内在的規範を有しておれば、その精神においてそれは「まっとうな正義」に値すると言えることになる。西郷南洲の敗戦例を見ても分かるように、往々にして己の「理」が世間に通らぬこともある。だが、その精神に自己内省を有しておれば、その「理」がその時は評価されないにしても、その「理」を支える「義」(道徳的信念)においては十全な価値を持ちうるのである。

西郷南洲の言葉をもう一度思い出してみたい。「人を相手にせず、天を相手にせよ。天を相手にして、己を尽して人を咎めず、我が誠の足らざるを尋ぬべし。」(三二頁参照)「まっとうな正義」を端的に表した至言である。

このような「まっとうな正義」を有する人々が集まった社会こそが「まっとうな社会」

と呼ぶに値する。「まっとうな人」が集まれば規則も最少ですむ。
だが、現代の社会正義論はこうした点を見落とし、あるいは無視し、規則や制度を扱う政策論争のみに終始している。より善い社会を造るため様々な立法措置がなされているが、学校の規則のように、法律でがんじがらめに縛れば善き社会ができるなど、幻想以外の何物でもない。

たしかに法規制による社会正義の実現は、正直者がバカを見ないために必要不可欠なことではあるが、それより先に忘れてならないことがある。それは、「法の存在するのは不正義の存在するひとびとの間においてである」(アリストテレス『ニコマコス倫理学』上巻、岩波文庫、一九二頁)ということである。法によるこうした規制が目指す社会正義の実現は、常に、不義不正なるものを前提としているということである。逆に言えば不義不正を犯すものがいなければ、多くの法は必要とされないのである。

したがって、「まっとうな社会」を造るという意味での社会正義の実現は、法規制という観点からだけでなく、常にまっとうな個々人を造るという倫理的観点から考えるべきだということを忘れてはならない。規則で縛られた社会が善き社会であるはずもなく、まっとうな人間が集まった結果、最少の規則で事足りる社会こそ、まっとうな善き社会と言えるのだ。こうした観点から善き社会を目指そうとした場合、我々が最初にしなければならないことは、「社会制度」を論じる「為政者の正義」を語ることではなく、「個人の正義」を確立することなのである。

8 「正義」を疑え！

最後に全体をまとめて終わりにしよう。
本書では、剣と秤に象徴される正義概念を次の二つの具体的観点から捉えてみた。一つは「勧善・懲悪」という観点から、もう一つは「均等性（平等性）」という観点からである。

我々は通常「勧善・懲悪」という力の正義を有するがゆえに、正義同士の争いを引き起こす。その場合、「懲悪型」正義の対象は常に他者に向けられ、双方が共に己の正義の絶対性を確信し、お互い譲ることはない。また、「勧善型」正義のつもりでも、異なる手段を有する他者を「悪」と見なし、それを批判するという「懲悪」の構造を内包していることも多い。だが、相対する両者が敵対する相手の中に「敵ながらあっぱれ」との評価を見出すことがあるならば、それは各々が信じる「論理」（理）の中にではなくそれを支える

「道徳的信念」（義）の中にその根拠は求め得るのではないかと考えた。〔序章〕

正義が有するもう一つの意味である「均等性（平等性）」は、「各人に彼のものを」という「比例的なもの」と「無差別的なもの」との二義性を有していたが、こうした正義概念の源流はアリストテレス、プラトンのみならず、ハムラビ法典にまでその源流を遡ることができることを確認した。〔第一章〕

だが、この均等性（平等性）が意味するところは、現代においては人間間の「無差別的な」釣り合いへと一義的に拡大解釈されることとなり、ここに「万人は平等である、平等であらねばならない」とする「平等主義」が生じたのである。だが、そこには平等を語るべき条件の欠如という誤謬が犯されており、そのため「人間は異なる有様を持つ」という大前提を無視した無差別的な「結果の平等」を志向することとなった次第である。だが、平等概念が正しく使われたにしても、つまり、「比例的平等」と「無差別的平等」の二つを場面に応じて使い分けるにしても、一部の人には必ず不平等を強いることにならざるを得なかったのである。こうした問題をどう解決するかが重要であるが、いずれにせよ、そうしたことは本来、社会制度を論じる「為政者」が考えるべきことで、我々「庶民」が考えねばならないことは、むしろもう一方の正義（道徳的な「勧善・懲悪型」正義）についてなのである。

〔第二章〕

我々庶民の正義は「勧善・懲悪」的な正義感として万人の心に存するであろうが、悪である他者を懲らしめることを正義とみなしたり、自らの信じる善を為すために、これに相反するものを懲らしめることを正義だと信じてしまうような構造を持つ。いずれの場合も、「己は善、他者は悪」と信じることで己の「正義」は成り立っているが、逆もまた真なりで、悪と規定された他者も己の正義を信じている訳である。両者が相反する正義を信じるかぎり、そのアンチノミーは永遠に続き、「どちらが正しいか」の判定は、それが価値判断を伴う以上、困難を極める。つまり、己の正しさを信じることはできても、その絶対的な正しさを証すことは不可能なのである。そこで、こうしたアンチノミーを解決すべく、己の絶対性を信じる視点ではなく、己の不完全性に目を向ける新たな視点を措定したのである。

〔第三章〕

「愛」について考察することは己の心中にある「不完全性」を浮き彫りにしてくれる。我々には常に「求める心」がつきまとう。だが、愛を「捧げる心」と「求める心」の有り様で語るとするならば、「捧げる心」が「求める心」より大きい場合のみ、それは「愛」と呼ぶにふさわしい。「求める心」を少なくし、「捧げる心」をより多くしていくという観点から愛を捉え、それを「勧善・懲悪」という正義的観点に置き換えてみれば「己の悪（＝求める心）を懲らしめ、己の善（＝捧げる心）を勧める」という解釈が可能となる。つまり「勧善・懲悪」の「善」「悪」を、「他者」ではなく「己」の善・悪と解することによって、己の道徳的成長が意味を持つ。だが、己の悪に立ち向かうことはなかなか難しい。「如何に愛すか」を問うてもそこには己の将来の生が前提とされており、身体的幸福を求めようとする人間の本性上、ついつい快を得ようとする怜悧へと走ってしまうからである。それゆえ、将来の生を前提とせずに、己の愛の「質」をこの場で総括する「如何に愛したか」という視点の想定が重要となったのである。

〔第四章〕

この問題は、未来を前提とした「如何に生きるか」ではなく、今までの生き方を総括する「如何に生きたか」という「生き方」の質にもあてはまる。己の「勧善型」の正義を究極まで貫き、そこに「生命以上の価値」を見出そうとすれば、「如何に生きたか」という意志の純粋性を完結させる立場を想定せざるを得ず、それは「死の覚悟」を意味するのであった。

〔第五章〕

「如何に生きたか」という視点は、欲を実現したときの身体的幸福とは異なる道徳的満足を引き起こし、こうした自己完結の積み重ねが「如何に生きるか」という問いの礎となる。我々はついつい己の正しさに酔ってしまいがちだが、そこに内省的視点を入れることで、己の不完全性という悪を懲らしめる「まっとうな懲悪型の正義」が生じることになる。こうしたまっとうな懲悪型正義によってはじめて、「己の悪を懲らしめることで己の善を勧める」という「勧善・懲悪型」正義が成立することになる。かくして、「まっとうな社会」は、そうしたまっとうな正義を有する人々が集って成立すると言えるのである。〔終章〕

今ようやく序章で提示した「まっとうな正義」に内実を与えることができたようである。それは、己の正義に生命以上の価値を見出し、己の意志の純粋性を完結させようとする「死を覚悟した生き方」、そしてこうした死の覚悟を常に念頭に置きつつ「如何に生きたか」という視点から「自己自身を常に内省しようとする生き方」なのである。「正義を疑え！」この文言は、己の不完全なる正義を「まっとうな正義」にすることによって「まっとうな社会」を築くための、自戒の言葉なのである。

（跋）蛇足ながら、最後に一言付け加えて本稿を終わりたい。「正義を疑え！」というような戒めの言葉が己に向けられた時、こうした自己言及命題は、実は「嘘つきのパラドックス」に見られる如き背理を伴っている。たとえば、「私は嘘つきである」という命題が正しいとすると、「私は嘘つきである」と嘘をついているわけだからこの命題全体が嘘であることになり、「私は嘘つきでない」ということが結果してしまう。「己の正義を疑え」という命題も、こうしたパラドックスに近いものを有している。本稿で論じた「まっとうな正義」も不完全性を前提とした「疑うべき対象」になっていることも、また事実なのである。

「まっとうな正義」をさらに「疑う」ことにより、「さらなるまっとうな正義」へと生あるかぎり前進していきたいものである。

あとがき

「正義を疑え！」というのは、本文で述べてきたように、己の信じる正義に疑いを向けよということが一番のポイントである。

「他者を批判するのではなく自分を批判しろと言っているお前が、同じ本の中で他者を批判しているではないか、お前こそ、自分の正義を疑ったらどうだ！」と難詰されるかもしれぬが、それについては終章末尾の「跋」に記したとおり重々承知している。

ところで、この「あとがき」を書いていて、ふと頭をよぎったことがある。それは、「人の振り見て我が振り直せ」という格言である。先人はほんとに偉い。私が本書でくどくどと述べたようなことを一文にて表しているのだから。「まっとうな正義」の本質はまさにこの格言の中にある。

「隣百姓」という言葉がある。隣が土を耕せば自分も耕し始める、隣が苗代を作れば自分も作り始める、隣が肥料をやれば自分もやる、というように隣にあわせた行動をとろうとする百姓のことである。

こうした「隣百姓」の気質は、農耕民族であった日本人のDNAレベルで現代人にも引き継がれ、常に、隣の人と同じ行動をとろうとする人々が多いようである。「万人は平等でなければならない」と隣人が言い出したら、時流に乗り遅れまいと、そうした「平等主義」にすぐ同調してしまう。そこには「平等とは何を意味するのか」と自問する余裕すらない。

周りの識者達が、平等至上主義・生命至上主義・人権至上主義・自虐史観・女権拡張……の大合唱をやりだすと、それに乗り遅れることが自分の無能の証になるとでも危惧するのか、すぐに同調してしまう傾向がある。だが、己を規定するものは隣の住人ではなく己自身であるという気概を持って、そろそろ隣百姓の気質から抜け出す事も必要ではあるまいか。

昨今の風潮を見るに、メディアの権力批判と国民の隣百姓気質が相俟って、国民総評論家と化し、国が悪い、社会が悪い、あいつが悪い……と、常に他者を批判する事の中に己の正義を「謳歌」しているようである。新聞の読者投稿欄を見てみるとそれがよく分かる。「かくかくの問題が生じるのは、きちんとした制度が整えられていないからだ。社会正義実現のためには、しかじかの法整備を一刻も早く実現すべきだ!」

結構なことである。だが、その「主語」はだれなのか?「誰」が「どうやって」それを可能ならしめるのか。市民運動によって国に働きかけるのか? それとも国会ロビー活動か？　それとも自分が政府審議会委員にでもなるのか？　あるいはいっそのこと代議士になるのか？　また、その制度案が国会審議で否決されたらどうするのか？

いずれをとっても、長い道のりである。では、その間はどうするのか？　「正義」をこのような制度的な面から論じることは、社会の一員として、ある意味重要なことであるかもしれない。だが、現実的に考えた場合、そうした「正義」が社会的に成立するまでにどれだけの時間を要するか、また、単に議論のための議論になってはいないか等々を考えた場合、もっと他にすることがあるような気がする。

自らの行動を規定する時、その根拠となるのが各自の「正義感」である。ならば、「正義」を社会制度の問題としてだけではなく、己の精神の問題として論じることも忘れてはならぬのではないか。こうした己の正義を論じることは、即座に、家族やその人が接する周りの人に影響を与えることになるだろう。

まっとうな社会を実現するには、まっとうな人を造る、これがまず第一にすべき事ではあるまいか。まっとうな人々が集まってこそ、まっとうな社会ができるはずである。

「釣り合いがとれていること」、「過多にも過少にも傾かない事」、こうした「平等・均等・中庸・公平」というような均等性の観点から社会正義を論じることは確かに有用であることは言うまでもない。だが、これはややもすると「万人平等」を志向するような「為政者の正義」だけに留まってしまう。

だが、我々庶民が必要とするのはむしろ個人の精神にも応用しうる均等的な正義ではないのか。たとえば、「顔で笑って心で泣いて」は、新渡戸稲造が『武士道』で指摘しているように、一つの「平衡状態」を意味する。また、真の武士は、「勇」という男性的な荒々しさだけではなく、「仁」という女性的な優しさの両側面を有してこそはじめてそこに「平衡」が保たれ、その名に値する。剣道・柔道・弓道・空手道他、武道の心得のある方はお分かりだと思うが、試合で勝利したからといって、ゴールをきめたサッカー選手の如き小躍りや狂喜乱舞は決してしない。それは武道が「心の平衡」という一つの徳を目指しているからである。

そこにあるのは、「己の精神」の向上を目指す道である。嬉しいときは嬉しさをそのまま表現してよいではないかと「自己肯定的」にのみものを考えようとする生き方、それとは異なった生き方がそこには提示される。すなわち、勝利した時こそ敗者に対する礼節や自分の心への戒めを忘れるなという「克己的」生き方である。そして、こうした平衡を保とうとするのは、他でもない、「己自身」なのである。

「均等性」という正義概念を「為政者」の観点から捉えるだけでなく、「己の精神」を主体とした均等性として、すなわち「心の平衡」として考えてみることも必要ではないのか。

的信念である。

この点については、別の機会に詳しく論じてみたいと思うが、いずれにせよ、制度による「社会正義」よりもまずは「己の正義」を確立すべし、これが本書を貫く筆者自身の倫理的信念である。

「正義」を論じるのに、現代正義論で有名なロールズやノージックが全く出てこないのはなぜかといぶかしく思われた方もおられようが、その理由はおわかり頂けたと思う。彼らの正義論の主題は社会制度上のいわゆる「為政者のための正義論」だからである。

「社会制度上の正義」と「各人の精神における正義」の調和がとれた時、真の理想国家が成立する、……などとプラトンじみたことを言うつもりはないが、ともかく本書は「己の精神」に焦点を当てた正義論である。

さて、本書の成立に関して一言触れておきたい。この企画を与えてくださったのは、新書編集部の小山淳一氏である。昨年末に小山氏より頂いたお手紙が本書成立のきっかけとなった。当初「高校生にもわかるような正義」について書いてくれと言われたため、前著（『平等主義は正義にあらず』葦書房）と同じように、面白可笑しく、かなりふざけて、きわどい表現を多用し、過激に書いたら、「ちょっとやりすぎ」と言われてしまい、その後少し（いや、かなり）書き直し、結局このようなまじめな（?）内容に落ち着いてしまった。ついつい悪乗りをしてしまう私の暴走を引き止めつつ、様々な助言を与えてくれた若き気鋭の編集者小山淳一氏に深く御礼申し上げる次第である。

また、本書で論じたことは、多くの方々との議論がもとになっている。特に細川亮一九州大学教授をはじめとする、九大倫理学研究室の元メンバー、石橋孝明氏（東和大学）・岡本裕一朗氏（玉川大学）・浅田淳一氏（筑紫女学園短期大学）・渡部明氏（東和大学）や福岡応用倫理研究会のメンバーとの間で交わされた忌憚ない有意義な議論が本稿のもととなっている。なかでも石橋・岡本・浅田・渡部の四氏には草稿の段階で全文を通読してもらい、多くの有益な示唆を頂いた。さらに、筆者の本務校である純真女子短大の学長並びに教職員の方々からも多くのお力添えを頂いた。この場を借りて、深く御礼申し上げたい。

最後になったが、西洋における正義の寓意像について東京藝術大学の越川倫明氏より様々なご助言を頂いた。心より感謝致す次第である。

平成一四年六月七日

山口意友

【主要参考文献】

序章

長谷川三千子『正義の喪失』PHP研究所　一九九九年
江藤淳『南洲残影』文藝春秋　一九九八年
山田済斎編『西郷南洲遺訓』岩波文庫　一九三九年
田中正明『パール判事の日本無罪論』小学館文庫　二〇〇一年
『パスカル』（世界の名著29）前田陽一訳　中央公論社　一九七八年
松原正『戦争は無くならない』地球社　一九八四年
大中幸子編著『現代日本の病理』（日本の自画像〔5〕）葦書房　一九九八年

第一章

CD-ROM版『世界大百科事典』日立デジタル平凡社　一九九八年
T・ネーゲル『哲学ってどんなこと？』岡本裕一朗・若松良樹訳　昭和堂　一九九三年
A・マッキンタイア『美徳なき時代』篠﨑榮訳　みすず書房　一九九三年
プラトン『ゴルギアス』（プラトン全集9巻）加来彰俊訳　岩波書店　一九七四年
プラトン『国家』（プラトン全集11巻）藤沢令夫訳　岩波書店　一九七六年
プラトン『法律』（プラトン全集13巻）森進一他訳　岩波書店　一九七六年

アリストテレス『ニコマコス倫理学』（アリストテレス全集13巻） 加藤信朗訳 岩波書店 一九七三年
アリストテレス『ニコマコス倫理学』（上・下） 高田三郎訳 岩波文庫 一九七一・七三年
松田明三郎『ハムラビの法典』日曜世界社 一九三三年
『ハンムラビ「法典」』（古代オリエント資料集成1） 中田一郎訳 リトン 一九九九年
R・イェーリング『権利のための闘争』小林孝輔・広沢民生訳 日本評論社 一九七八年
寺崎俊輔・塚崎智・塩出彰編著『正義論の諸相』法律文化社 一九八九年
森末伸行『正義論概説』（法哲学大系講義） 中央大学出版部 一九九九年
井上達夫『共生の作法』（現代自由学芸叢書） 創文社 一九八六年
イザヤ・ベンダサン『日本人とユダヤ人』角川ソフィア文庫 二〇〇一年
『旧新約聖書』日本聖書協会 一九八二年
L. Bywater (ed) "Aristotelis Ethica Nicomachea" -Oxford Classical Texts- Oxford University Press. 1894
Rudolf von Jhering. "Der Kampf ums Recht (1872)" (Deutsches Rechtsdenken, Heft 10). Vittorio Klostermann. 1989

第二章

細川亮一編著『幸福の薬を飲みますか?』ナカニシヤ出版 一九九六年
福沢諭吉『学問のすゝめ』岩波文庫 一九七八年
A・セン『不平等の再検討』池本幸生・野上裕生・佐藤仁訳 岩波書店 一九九九年

林道義『フェミニズムの害毒』草思社　一九九九年
林道義『家族破壊』徳間書店　二〇〇〇年
篠原偲『専業主婦のススメ』晃洋書房　二〇〇〇年
土屋恵一郎『正義論／自由論』（21世紀問題群ブックス22）岩波書店　一九九六年
八木秀次『反「人権」宣言』ちくま新書　二〇〇一年
宮崎哲弥・八木秀次編著『夫婦別姓大論破！』洋泉社　一九九六年
Amartya Sen "Inequality Reexamined" Oxford University Press. 1995
Bernard Williams "Problems of the Self" Cambridge University Press 1973

第三章

J・S・ミル『自由論』塩尻公明・木村健康訳　岩波文庫　一九七一年
『ベンサム　J・S・ミル』（世界の名著38）中央公論社　一九六七年
H・アルバート『批判的理性論考』萩原能久訳　御茶の水書房　一九八五年
川本隆史『現代倫理学の冒険』（現代自由学芸叢書）創文社　一九九五年
小河原誠『ポパー』（現代思想の冒険者たち）講談社　一九九七年
小河原誠『ポパー哲学の新展開——討論的理性批判の冒険』（ポイエーシス叢書15）未来社　一九九三年
森征一・岩谷十郎編『法と正義のイコノロジー』慶応義塾大学出版会　一九九七年

第四章

小谷野敦『もてない男』ちくま新書　一九九九年

石橋孝明『今、生きる意味を問う』ナカニシヤ出版　一九九八年
スタンダール『恋愛論』前川堅市訳　岩波文庫　一九五九年
トルストイ『光あるうちに光の中を歩め』米川正夫訳　岩波文庫　一九六〇年
小沼文彦訳編『トルストイの言葉』（人生の知恵12）彌生書房　一九七〇年

第五章

曾野綾子『誰のために愛するか』文春文庫　一九九五年
小浜逸郎『なぜ人を殺してはいけないのか』洋泉社新書y　二〇〇〇年
永井均・小泉義之『なぜ人を殺してはいけないのか？』河出書房新社　一九九八年
山本舜勝『三島由紀夫・憂悶の祖国防衛賦』日本文芸社　一九八〇年
保阪正康『憂国の論理』講談社　一九八〇年
佐野三治『たった一人の生還』新潮文庫　一九九五年
呉智英『サルの正義』双葉文庫　一九九六年
菊田幸一『いま、なぜ死刑廃止か』丸善ライブラリー　一九九四年

終章

篠原駿一郎・波多江忠彦編『生と死の倫理学』ナカニシヤ出版　二〇〇二年
小柳陽太郎『教室から消えた「物を見る目」、「歴史を見る目」』草思社　二〇〇〇年
カント『実践理性批判』（カント全集第7巻）深作守文訳　理想社　一九六五年
カント『人倫の形而上学の基礎づけ』（カント全集第7巻）深作守文訳　理想社　一九六五年

新渡戸稲造『武士道』矢内原忠雄訳　岩波文庫　一九七四年
林道義『主婦の復権』講談社　一九九八年
勢古浩爾『こういう男になりたい』ちくま新書　二〇〇〇年
中野孝次『清貧の思想』文春文庫　一九九六年
中野孝次『自分らしく生きる』講談社現代新書　一九八三年
落合恵子・伊藤悟『自分らしく生きる』かもがわブックレット　一九九八年

＊なお、以下の拙著・拙論からの小規模な引用や要約については出典を断りなく自由に行った。
『女子大生のための倫理学読本』葦書房　一九九三年
『平等主義は正義にあらず』葦書房　一九九八年
「宮本武蔵の正義と検察の正義」（『諸君！』一九九八年八月号　文藝春秋）
「三酔人フェミニズム問答」（細川亮一編著『幸福の薬を飲みますか』第六章　ナカニシヤ出版）
「臓器移植とバイオエシックス」（篠原駿一郎・波多江忠彦編『生と死の倫理学』第五章　ナカニシヤ出版）

ちくま新書
362

正義を疑え！

二〇〇二年八月二〇日　第一刷発行

著　者　山口意友（やまぐち・おきとも）

発行者　菊池明郎

発行所　株式会社　筑摩書房
東京都台東区蔵前二-五-三　郵便番号一一一-八七五五
振替〇〇一六〇-八-四一二三

装幀者　間村俊一

印刷・製本　三松堂印刷　株式会社

ちくま新書の定価はカバーに表示してあります。
ご注文・お問い合わせ、落丁本・乱丁本の交換は左記宛へ。
さいたま市櫛引町二-六〇四　筑摩書房サービスセンター
郵便番号三三一-八五〇七
電話〇四八-六五一-〇〇五三

ISBN4-480-05962-8 C0212